761751

Weiterführend empfehlen wir:

Stimme: Instrument des Erfolgs
Mit Audio-CD
ISBN 3-8029-3252-8

Body Power:
Erfolgsfaktor Körpersprache
Mit Video-DVD
ISBN 3-8029-3253-6

Chef-Checkliste
Mitarbeiterführung
ISBN 3-8029-3372-9

Ihre erste Regierungserklärung
als neuer Chef
ISBN 3-8029-3368-0

Geschickt kontern:
Nie mehr sprachlos!
ISBN 3-8029-4629-4

Reden macht Leute
ISBN 3-8029-3395-8

Wir freuen uns über Ihr Interesse an diesem Buch. Gerne stellen wir Ihnen zusätzliche Informationen zu diesem Programmsegment zur Verfügung.

Bitte sprechen Sie uns an:

E-Mail: walhalla@walhalla.de
http://www.walhalla.de

Walhalla Fachverlag · Haus an der Eisernen Brücke · 93042 Regensburg
Telefon (0941) 5684-0 · Telefax (0941) 5684-111

Hans-Jürgen Kratz

Wirkungsvoll reden lernen

Rhetoriktraining in 10 Schritten

Bibliografische Information Der Deutschen Bibliothek
Die Deutsche Bibliothek verzeichnet diese Publikation in der Deutschen Nationalbibliographie; detaillierte bibliographische Daten sind im Internet über http://dnb.ddb.de abrufbar.

Zitiervorschlag:
Hans-Jürgen Kratz, Wirkungsvoll reden lernen
Walhalla Fachverlag, Regensburg, Berlin 2006

© Walhalla und Praetoria Verlag GmbH & Co. KG, Regensburg/Berlin
Alle Rechte, insbesondere das Recht der Vervielfältigung und Verbreitung sowie der Übersetzung vorbehalten. Kein Teil des Werkes darf in irgendeiner Form (durch Fotokopie, Datenübertragung oder ein anderes Verfahren) ohne schriftliche Genehmigung des Verlages reproduziert oder unter Verwendung elektronischer Systeme gespeichert, verarbeitet, vervielfältigt oder verbreitet werden.
Produktion: Walhalla Fachverlag, 93042 Regensburg
Umschlaggestaltung: Gruber & König, Augsburg
Druck und Bindung: Westermann Druck Zwickau GmbH
Printed in Germany
ISBN 10: 3-8029-3256-0
ISBN 13: 978-3-8029-3256-4

> Nutzen Sie das Inhaltsmenü:
> Die *Schnellübersicht* führt Sie zu Ihrem Thema.
> Die Kapitelüberschriften führen Sie zur Lösung.

Klar, kurz und wirkungsvoll reden 7

1 Bauen Sie Lampenfieber ab 9

2 Planen Sie Ihren Erfolg 23

3 Ihr Bauplan für Ihre Rede 39

4 Reden zu verschiedenen Anlässen 63

5 Ihre visuellen Wirkungsmöglichkeiten 73

6 Ihre akustischen Wirkungsmöglichkeiten 87

Schnellübersicht

7 Ihr Redestil muss zum Zuhören einladen 113

8 Die Augen der Zuhörer sollen auf ihre Kosten kommen 143

9 Ihr Erste-Hilfe-Kasten bei Redeunfällen 157

Ausblick 173

Stichwortverzeichnis 175

Klar, kurz und wirkungsvoll reden

Sie haben dieses Buch in die Hand genommen, um Ihre rhetorische Kompetenz zu verbessern. Dabei gilt Ihr Interesse vermutlich fundierten, praxisorientierten und zielführenden Hinweisen und Tipps, die Ihre Ausdrucks- und Wirkungsmöglichkeiten erweitern.

Unser Trainingsbuch erfüllt Ihre Erwartungen, indem es Ihnen das Know-how zeitgemäßer Rhetorik vermittelt. Fehlt Ihnen die Zeit zum intensiven Lesen, können Sie die wesentlichen Aussagen den grau unterlegten Praxis-Tipps entnehmen.

Zeitgemäße Rhetorik hilft Ihnen, klar, kurz und wirkungsvoll zu reden. Gelingt Ihnen dies, gewinnen Sie die Einsicht, Zuneigung oder Bestätigung der Zuhörer in Form des Nickeffekts, denn: Sind die Zuhörer voll bei der Sache, zeigen sie bei Ihren wichtigen Aussagen ein zufriedenes Nicken oder ersatzweise zustimmende Gestik und Mimik.

Zeitgemäße Rhetorik bedeutet keinesfalls, überall und zu jeder Zeit den Mund aufzutun. Reden zum Selbstzweck ist sinnlos – es wäre mehr als nur Zeitverlust. Wenn Sie anderen Menschen etwas sagen wollen, müssen Sie inhaltlich auch etwas zu sagen haben. Füllen Sie den Raum lediglich mit Schallwellen, wird Ihnen bald das abwertende Etikett „Viel- und Drumherumredner" mit dem Kommentar aufgeklebt: „Er hat viel gesprochen, aber wenig gesagt!"

Konzentrieren Sie sich in einer Rede prinzipiell nur auf Aussagen, von denen Sie überzeugt sind. Stehen Sie voll und ganz hinter Ihren Argumenten, so zeigen Sie dies unbewusst mit Ihrer Gestik und Mimik. Auch die sprechtechnische „Begleitmusik", wie Sprechtempo, Betonung und Stimmlage, gibt den Zuhörern recht deutliche Hinweise, ob Sie sich mit Ihren eigenen Aussagen identifizieren. Betrachten Sie Ihre Auffassung als richtig und wahr, brauchen Sie sich nicht zu scheuen, vor Ihr Publikum zu treten. Da Sie in diesem Fall authentisch auftreten und glaubwürdig erscheinen, springt der Funke zu den Zuhörern eher über. Buddha: „Nur wer selbst brennt, kann andere entzünden."

Vorwort

Zur passenden Zeit das treffende Wort in der richtigen und erfolgreichen Art und Weise sagen

Das hierfür erforderliche und auf den folgenden Seiten dargestellte Praxiswissen wartet darauf, von Ihnen akzeptiert und praktiziert zu werden. Von Ihnen hängt es vor allem ab, ob Ihnen Ihre künftigen rhetorischen Auftritte ein Gewinner-Image bescheren. Nur wenn Sie sich von der Masse rhetorisch positiv abheben, erhält Ihr Wort mehr Gewicht und Ihr Einfluss steigt.

Viel Erfolg bei Ihren rednerischen Auftritten wünscht Ihnen

Hans-Jürgen Kratz
www.personaltraining-kratz.de

Allen Leserinnen gilt die Bitte, sich auch dann angesprochen zu fühlen, wenn in diesem Buch Begriffe aus technischen Gründen nur in der männlichen Form gewählt wurden.

Bauen Sie Lampenfieber ab

1. Gewinnen Sie Sicherheit 10
2. Lampenfieber ist eine völlig normale körperliche Reaktion 10
3. Stimmen Sie sich positiv ein 16
4. Lenken Sie sich vor Redebeginn ab . 17
5. Signalisieren Sie Sicherheit 18
6. In der Vorpause Aufmerksamkeit wecken 19
7. So starten Sie mit Ihrer Rede 22

Bauen Sie Lampenfieber ab

1. Gewinnen Sie Sicherheit

Wir erleben tagtäglich, wie wichtig es ist, unseren Mitmenschen Botschaften überzeugend mündlich zu übermitteln. Dies gilt gleichermaßen für den beruflichen, privaten und gesellschaftlichen Bereich. Dennoch scheuen viele Menschen davor zurück, sich mit einer Rede vor einem größeren Personenkreis zu profilieren. Sie handeln lieber nach dem Motto: „Es ist leichter, den Mund zu halten, als eine Rede." Zur Begründung ihrer Rede-Abstinenz erklären sie: „Das liegt mir nicht, das kann ich wirklich nicht, ich bin für andere Dinge besser geeignet."

Gehen wir diesen abwehrenden Äußerungen auf den Grund, kristallisieren sich regelmäßig mangelndes rhetorisches Know-how und fehlende Redepraxis als Hemmfaktoren heraus. Diese Defizite bilden den Nährboden, auf dem sich Unsicherheit ausbreitet und die Lampenfieberkurve ansteigt. Alle rhetorischen Regeln und Tipps würden nicht zum angestrebten Erfolg führen, bliebe die Wurzel der Redezurückhaltung – die Unsicherheit – weiter bestehen.

Folgerichtig beschäftigen wir uns in diesem Kapitel mit dem Phänomen Lampenfieber und untersuchen danach, mit welchen Medikamenten die Krankheit „Redeangst" zurückgedrängt und schließlich geheilt werden kann.

2. Lampenfieber ist eine völlig normale körperliche Reaktion

Versetzen wir uns einige Momente um hunderttausend Jahre zurück – Schauplatz des Geschehens: das Neandertal in der Nähe Düsseldorfs. Ein Neandertaler läuft mit einer Keule bewaffnet durch den Urwald. Guten Mutes trällert er ein Liedchen vor sich hin und denkt an nichts Böses. Plötzlich tritt zwei Meter vor ihm ein ausgewachsener Braunbär hinter einem breiten Baum hervor und möchte unseren Spaziergänger in seine Pranken schließen. Würde der Neandertaler mögliche Reaktionen abwägen (z. B. Soll ich weglaufen? Soll ich auf den nächsten Baum klettern? Soll ich besser mit der Keule zuschlagen?), käme der Bär sicherlich zu der erhofften Mahlzeit.

In einer als gefahrvoll erkannten Situation setzt der Stressmechanismus ein. Erkennt ein Sinnesorgan nämlich eine Gefahr, werden im

Lampenfieber ist eine völlig normale körperliche Reaktion

Nanosekundenbereich die Hormone Adrenalin und Noradrenalin in den Blutkreislauf geschickt. Sie sind als Stresshormone bekannt und haben die Aufgabe, den Körper blitzschnell in Höchstleistungsbereitschaft zu bringen. Durch Erhöhung des Blutdrucks und Mobilisierung der Fett- und Zuckerreserven ist der Körper schlagartig für physische Top-Leistungen präpariert. Indem der Neandertaler nahezu zeitverzugslos nach Erkennen der Gefahr reagiert, erhöht sich seine Chance, die heikle Situation mit heiler Haut zu überstehen. Erst später wird er gedanklich aufarbeiten, was geschehen ist und ob seine Reaktion situationsangemessen war.

Für den Neandertaler war der Stressmechanismus zweifelsohne eine Lebensnotwendigkeit. Seither hat sich Epochales geändert. Hat sich der moderne Mensch im Vergleich zum Neandertaler ebenfalls grundlegend gewandelt?

Obwohl in vielen Bereichen gravierende Veränderungen eintraten, hinterließen die Anpassungsleistungen unserer Vorfahren genetische Spuren. So funktioniert der Stressmechanismus nach wie vor. In lebensbedrohlichen Situationen wächst auch heutzutage der Mensch hinsichtlich seiner physischen Kraft über sich hinaus, der Stressmechanismus bewirkt höchste Muskelleistung.

Was haben diese Ausführungen mit dem Lampenfieber beim Reden zu tun?

Das Erfordernis zum Reden vor einer größeren Zuhörerschaft stellt nach Auffassung vieler Fachleute einen dem sozialen Zusammenleben entstammenden Gefahrenreiz dar: Wir fühlen uns ohnmächtig und schutzlos der Überzahl der vor uns Sitzenden preisgegeben. Andere begründen das Vorhandensein von Redeangst (Logophobie) mit der Art des elterlichen Erziehungsstils.

Hegen die Eltern dem Kind gegenüber hohe Leistungserwartungen und zeigen sie liebevolle Zuwendung nach Erfolg und eine neutrale Reaktion bei Misserfolg, haben diese Kinder nur in geringem Maße Redeangst. Strenge Erziehung hingegen fördert Redeangst. – Einerlei, worin sie begründet ist: In unserem Kulturkreis ist Redeangst „flächendeckend" anzutreffen.

Wird die mit der Rede verbundene vermeintliche Gefahr akut, reagiert auch heute unser Körper fast augenblicklich und roboterhaft mit dem

Bauen Sie Lampenfieber ab

Ausschütten der genannten Kampf- und Fluchthormone. Uns steht sofort die notwendige Energie für eine Gefahrenabwehr zur Verfügung. Der Bonner Journalist Karl Heinz Kirchner beschreibt diesen Vorgang detailliert in seinem Aufsatz „Krisensitzung in der Großhirnrinde".

Vorgang der Gefahrenabwehr

Station 1: Hallo, hier Auge! Meldung an Hirnrinde: Gefahr im Verzuge (Rückbestätigung auch durch die anderen Sinnesorgane, soweit mit betroffen).

Station 2: Krisensitzung in der Hirnrinde. Der Denkapparat überprüft die Alarmmeldungen und kommt blitzartig zu der Erkenntnis: Stimmt. Gefahr im Verzug! Alarm!

Station 3: Die Alarmmeldung wird im Hypothalamus, einem Teil des Zwischenhirns, empfangen und an die Hirnanhangdrüse weitergeleitet: Alarm!

Station 4: Die Hirnanhangdrüse schüttet augenblicklich das Hormon ACTH direkt in die Blutbahn aus. Das hat Folgewirkungen.

Station 5: Die nächste Drüse, die Nebennierenrinde, registriert ACTH und reagiert mit Ausschüttung von Hormonen, insbesondere Adrenalin.

Station 6: Diese Hormone mobilisieren den gesamten Organismus und versetzen ihn in einen Zustand höchster Kampf- und Fluchtbereitschaft. Gleichzeitig wird das vegetative Nervensystem aktiviert.

Station 7: Dieser Zustand höchster Erregung im gesamten Organismus wird an das Gehirn zurückgemeldet. Körperliche Auswirkungen: Das Herz schlägt schneller, Angstschweiß, feuchte Hände.

Station 8: Auch das Stammhirn erhält eine Zustandsbeschreibung und informiert ein Teilsystem, das sich bei der Großhirnrinde rückmeldet.

Station 9: Mit diesen Impulsen wird die Großhirnrinde in den Zustand höchster Alarmbereitschaft und Wachsamkeit versetzt. Alle Umweltreize werden besonders scharf wahrgenommen und sorgfältig verarbeitet.

aus: PZ Nr. 54. Der Abdruck erfolgt mit freundlicher Genehmigung.

Dieser Schub an zusätzlicher Kraft wird uns in Sekundenbruchteilen bewusst. Der Körper zeigt in unterschiedlicher Intensität und Zusammensetzung auftretende Symptome:

Lampenfieber ist eine völlig normale körperliche Reaktion

- Plötzlich klopft das Herz bis zum Hals.
- Die Hände sind schweißtriefend, der gesamte Körper könnte ausgewrungen werden.
- Die Atmung geht schneller.
- Die Kehle ist wie ausgetrocknet, die Zunge klebt am Gaumen.
- Der Blutdruck steigt an und führt zu einem bleichen Gesicht.
- In der Magengegend bekommen wir ein flaues Gefühl.
- Ein Blackout macht sich breit.

Die Gesamtheit dieser Reaktionen bezeichnen wir als Lampenfieber. Dieser Begriff stammt aus der Welt der Unterhaltungskünste. Dort stellt sich das beschriebene „Fieber" ein, wenn der Schauspieler ins Licht der Bühnenscheinwerfer tritt. Die Auswirkungen dieses Fiebers kannte selbst der im antiken Rom hochgerühmte Redner Marcus Tullius Cicero, als er fragte: „Wo ist der Redner, der im Augenblick, da er spricht, nicht gefühlt hätte, wie sich sein Haar sträubte und sein Gebein erstarrte?"

Mit dem durch Angst ausgelösten und in uns genetisch verankerten Stressmechanismus geht ein weiterer Störfaktor einher, die teilweise oder völlige Denkblockade. Wir reagieren auf Gefahrenmomente reflexartig und nicht mit Denkaktivitäten. Im Kampf ums Überleben müssen weit schnellere Körperreaktionen ablaufen als beim Denken; Stressreaktionen gehen zu Lasten des Denkens.

Stellen wir uns dies am Beispiel eines Schalters vor. Befinden wir uns stets in normalen Situationen, erhalten wir fortwährend Strom. Tritt aber ein extremer Stressmoment ein, wird der Energiestrom für das Denken ausgeschaltet. Der Strom wird jetzt für die sofortige Gefahrenabwehr benötigt. Erst nach Rückkehr zu einer halbwegs normalen Situation wird der Schalter wieder auf Normalbelastung umgelegt.

So wird verständlich, weshalb bei uns partielle Denkblockaden eintreten können, in extremen Situationen gar ein plötzlicher Kurzschluss, ein völliger Blackout. Offensichtlich war Mark Twain mit dieser Situation vertraut, denn er bemerkte: „Das Gehirn ist eine großartige Sache. Es funktioniert vom Augenblick der Geburt bis zu dem Zeitpunkt, wo du aufstehst, um eine Rede zu halten."

Könnten wir die uns vom Stressmechanismus zur Verfügung gestellte zusätzliche Energie sofort in körperliche Aktionen umsetzen (z. B.

Bauen Sie Lampenfieber ab

schnelles Laufen, Holzhacken), würde der Adrenalinspiegel schnell absinken. Als Redner stehen wir aber vor unserem Publikum und spüren sehr intensiv die für unsere Person eigentümlichen Symptome. Jeder Mensch steht immer wieder Augenblicke durch, in denen er dem Stressmechanismus ausgesetzt ist. Immer sind es Momente, die mit unseren Ängsten ausgefüllt sind. Auch wenn Sie künftig alle folgenden Empfehlungen berücksichtigen und eine gehörige Portion Sicherheit tanken, bleibt die Spannkraft des letzten Lampenfiebers erhalten. Diese ist sehr nützlich, weil wir in einem Zustand mittlerer Spannung und Erregung, einer „mittleren Betriebstemperatur", unsere besten Leistungen bringen.

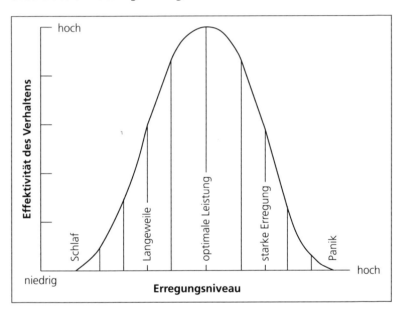

Praxis-Tipp:

Das Ausmaß unserer Angst sinkt erfahrungsgemäß, je häufiger wir uns angsteinflößenden Situationen stellen und nicht vor unseren Ängsten davonlaufen. Mit jedem Auftritt in der Öffentlichkeit schwächen sich folgerichtig Redeangst und Lampenfieber ab.

Lampenfieber ist eine völlig normale körperliche Reaktion

**Tue das, wovor du dich fürchtest,
und die Furcht stirbt einen sicheren Tod**

Durchbrechen Sie den Teufelskreis der Redeangst – gewinnen Sie persönliche Freiheit und steigern Sie durch stetiges Üben Ihr Selbstwertgefühl!

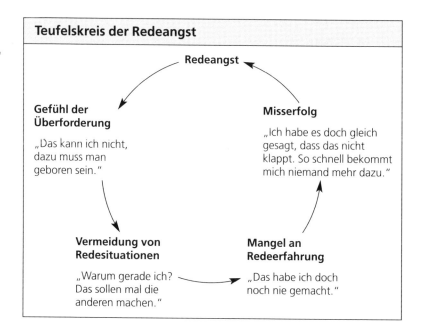

Gelegentlich versuchen Menschen, Lampenfieber mit Alkohol oder Tranquilizern zu bekämpfen. Dass Alkohol die geistige und körperliche Leistungsfähigkeit herabsetzt, ist allgemein bekannt. Gleiches gilt für die Einnahme von Tranquilizern. Unter Einwirkung dieser Chemieprodukte werden Sie Ihre Rede zwar gelassen und unbefangen – bisweilen schlaffördernd – abspulen, Ihre Überzeugungskraft wird aber minimal sein. Es fehlt die Spannung, in die Sie das Lampenfieber versetzt.

Beachten Sie die folgenden Empfehlungen, werden Sie Ihr Lampenfieber abbauen und auf ein redeförderndes Maß reduzieren. Verbleibende Restspannung setzen Sie in Energie, Dynamik und Begeisterung um!

Bauen Sie Lampenfieber ab

3. Stimmen Sie sich positiv ein

Legen Sie sich nicht unter dem subjektiven Eindruck Ihrer vermeintlichen Unzulänglichkeit Felsbrocken in den Weg: Ein aus Ängsten aufgetürmtes Gebirge lässt sich kaum mehr überwinden. Von Ungeübten werden immer wieder zehn Versagensängste beschworen:

- Angst vor dem unbekannten Publikum
- Angst vor Blamagen
- Angst vor dem Steckenbleiben
- Angst vor Zwischenrufen
- Angst vor dem großen Zuhörerkreis
- Angst vor der nicht einschätzbaren Situation
- Angst vor einer ablehnenden Haltung seitens der Zuhörer
- Angst vor dem Versagen
- Angst vor Kritik
- Angst vor anwesenden Vorgesetzten oder höher gestellten Zuhörern

Schieben Sie all Ihre Ängste sofort beiseite, sie wirken nur leistungshemmend und destruktiv, je länger Sie sich mit ihnen beschäftigen. Mit einer negativen Autosuggestion (Selbstbeeinflussung) wie „Hoffentlich bleibe ich nicht stecken" oder „Was mache ich bloß, wenn …?" stellen Sie die Weichen in Richtung Misserfolg. Die Gefahr ist sehr groß, dass Ihre pessimistischen Prophezeiungen sich selbst erfüllen, weil Ihre Programmierung keine optimistische Einschätzung zulässt.

> **Praxis-Tipp:**
>
> Beschäftigen Sie sich keinesfalls selbstzweifelnd und unsicher mit möglichen und unmöglichen Schwierigkeiten. Sprechen Sie sich vielmehr Mut zu und klopfen Sie sich – bildlich dargestellt – hin und wieder kräftig und anerkennend selbst auf die Schulter! Haben Sie sich nämlich positiv auf Ihre Rede eingestimmt, gehen Ihre Ängste zurück und Ihre Hemmungen verschwinden zusehends.

Die positive Selbstbeeinflussung ist die wirkungsvollste Möglichkeit, uns von Befürchtungen oder negativen Umwelteinflüssen zu befreien. Sie brauchen die Kraft des positiven Denkens!

Beispiele, wie Sie sich positiv einstimmen können:

- Lampenfieber ist etwas völlig Normales. Würde ich es körperlich überhaupt nicht bemerken, wäre ich ein Fall für den Psychiater. Lampenfieber ist ein Energiespender, der mich beflügelt und mir hilft, die Rede mit Erfolg vorzutragen.

- Ich habe in meinem Leben schon viele Erfolgserlebnisse verbuchen können. Jetzt wird es mir auch gelingen, eine gute Rede zu halten. Was andere können, kann ich auch!

- Die Zuhörer sind regelmäßig positiv eingestimmt. Sie wollen mich hören und sich von mir überzeugen lassen. Ich werde auf jeden Fall mein Bestes geben!

- Ich werde selbstverständlich eine gute Rede halten. Schließlich habe ich mich gezielt vorbereitet. Da ich gegenüber meinen Zuhörern einen erheblichen Informationsvorsprung besitze, wird sich der Erfolg einstellen!

- Ich bin heute gut drauf. Ich bin jetzt ganz ruhig, ich fühle mich völlig sicher: Ich muss reden, ich kann reden, ich will reden – ich freue mich auf meine Rede!

Stimmen Sie sich immer wieder positiv ein. Dann werden Sie in der „Stunde der Wahrheit" Ihre aufbauenden Vorhersagen mit einem ordentlichen Ergebnis bestätigen!

4. Lenken Sie sich vor Redebeginn ab

Jeden Augenblick kann Ihr Name als Startzeichen für Ihre Rede aufgerufen werden. Während der Countdown läuft, erhöht sich Ihre Nervosität. Wenn Sie jetzt noch über die ersten Sätze oder besonders heikle Punkte Ihres Vortrags grübeln, kann sich dies nur nachteilig auf Ihre Rede auswirken. Jetzt wird Ihnen kaum mehr die ersehnte Erleuchtung kommen, die trotz Ihrer guten Vorbereitung bisher ausgeblieben ist. Verbannen Sie alle negativen Gedanken, weil gerade sie Misserfolge anziehen.

Bauen Sie Lampenfieber ab

Sie können sich vom zunächst spürbaren Druck entlasten:
- Folgen Sie aufmerksam den Gedankengängen eines Vorredners und nehmen Sie, vielleicht zum Zwecke einer Entgegnung oder Klarstellung, kurze Notizen in Ihren Stichwortzettel auf.
- Lehnen Sie sich locker und bequem zurück und beachten Sie interessiert andere Leute.
- Plaudern Sie mit anwesenden Freunden, Kollegen oder Bekannten über „Gott und die Welt".
- Denken Sie an liebgewonnene und erfolgreiche Situationen zurück oder erinnern Sie sich an Ihren letzten erholsamen Urlaub.
- Führen Sie intensive Atemübungen zur Beruhigung Ihres Organismus durch.

Praxis-Tipp:
Um nicht in die von Erwartungsangst verursachte Verkrampfung zu fallen, lenken Sie sich in den letzten 15 Minuten vor Redebeginn ab und entspannen Sie sich.

5. Signalisieren Sie Sicherheit

Ein aufmerksamer Beobachter erkennt bereits an der Art und Weise, wie sich der Vortragende zum Pult begibt, ob er einen Anfänger oder einen Routinier vor sich hat.

Der ungeübte Redner – so bitte nicht

An untrüglichen Zeichen ist der ungeübte Redner zu erkennen, für den bereits der Weg zum Rednerpodium einem Spießrutenlaufen gleicht:
- Er springt nach Nennung seines Namens wie von einer Tarantel gestochen auf.
- Mit überhöhtem Tempo hastet er zum Rednerpult.
- Vielleicht stolpert er hierbei gar über Kabel.
- Es wird kein Gedanke auf die Atmung verwendet, so dass der Redner hechelnd und in Atemnot am Pult eintrifft.

In der Vorpause Aufmerksamkeit wecken

- Dort wird mit fahrigen Bewegungen die Jacke zugeknöpft, die Krawatte gerade gerückt, an Rock und Pullover herumgezerrt oder die Hose hochgezogen.
- Das in eine Jackentasche gestopfte Stichwortmanuskript wird „völlig unauffällig" ans Tageslicht gezerrt und auf dem Pult knisternd glattgestrichen. Verharrt das Papier nicht in diesem rednerfreundlichen Zustand, sondern faltet es sich den Knicken folgend wieder zusammen, wird es noch mit den ersten fallenden Schweißtropfen des bereits „geschafften" Redners getränkt.
- Das hektische Verhalten lässt unschwer erkennen, dass im Kopf des Redners fortwährend eine Warnlampe blinkt: Hilfe! Hilfe! Hilfe!
- Sofort wird mit dem Vortrag begonnnen, ohne dass sich der Redner auf das Publikum und dieses sich auf ihn einstimmen konnte.

Der geübte Redner – bitte so

Verbergen Sie Ihre Aufregung und strahlen Sie von Beginn an Sicherheit aus:

- Sie stehen von Ihrem Platz ohne Eile auf; dort noch bringen Sie Ihr Erscheinungsbild in Ordnung. Danach verändern Sie nichts mehr an Ihrem Outfit.
- Normalen Schritts – also ohne jegliches Anzeichen von Hast – streben Sie aufrecht und selbstbewusst zum Pult.
- Sie tragen einsatzfertig und offen das benötigte, nicht zusammengefaltete Manuskript mit sich.
- Selbstsicher nehmen Sie während des Gangs zum Rednerpult den Kopf hoch und die Schultern zurück.
- Natürlich denken Sie auch an tiefes Ein- und Ausatmen (siehe Seite 89).
- Am Pult eingetroffen, beginnen Sie nicht sogleich mit Ihrer Rede, sondern planen zunächst eine Vorpause ein.

6. In der Vorpause Aufmerksamkeit wecken

Schließlich stehen Sie vor Ihren Zuhörern. Der Augenblick ist gekommen, zu ernten, was Sie mit Ihrer intensiven Vorbereitung bei großem

Bauen Sie Lampenfieber ab

Zeit- und Energieaufwand gesät haben. Ihr Publikum ist neugierig auf Ihre Überlegungen und beurteilt Sie zunächst nach Ihrem Auftreten, nicht nach eventuell noch vorhandenen Hemmnissen.

Zu einem überzeugenden Auftreten gehört eine Pause von einigen Sekunden nach Eintreffen am Pult. Nur Ungeübte beginnen ohne Rücksicht auf die Unruhe im Saal ihren Text schnell abzuspulen, um die unangenehme Situation so schnell wie möglich hinter sich zu bringen. Mit ihrer Unsicherheit und Ungeduld erreichen sie lediglich, dass all die guten vorformulierten Einleitungsworte ungehört und damit wirkungslos verhallen. Orientieren Sie sich am Verhalten eines Dirigenten im Konzertsaal: Nachdem er vom Publikum mit Beifall begrüßt wurde, hebt er nicht sofort den Taktstock für die Ouvertüre, sondern zwingt durch eine Pause das Publikum, seine Musiker und sich selbst zur Konzentration. Erst wenn im Saal das letzte Geräusch verstummt ist und die Zuhörer auf Spannung gebracht sind, gibt er das Zeichen für den Einsatz.

Sie warten also, bis die Zuhörerschaft für Ihre Rede aufnahmebereit ist. Die Zeitspanne vom Eintreffen am Pult bis zum Redebeginn wird als Vorpause bezeichnet. Diese Phase lassen Sie nicht ungenutzt verstreichen, sondern stimmen sich noch einmal positiv auf Ihr Publikum ein:

Praxis-Tipp:

Nutzen Sie die Vorpause

- um tief zu atmen
- um einen freundlichen Gesichtsausdruck zu zeigen
- um eine aufrechte und lockere Haltung mit zur Gestik bereiten Händen einzunehmen
- um Abstand zum Rednerpult zu halten
- um Blickkontakt zu Ihren Zuhörern aufzunehmen

Sie atmen weiterhin tief durch

Bewusste Tiefatmung vermindert Ihre Anspannung. Die verstärkte Sauerstoffzufuhr beruhigt Ihr Nervenkostüm und stellt dem Gehirn mehr Sauerstoff zum Denken zur Verfügung.

In der Vorpause Aufmerksamkeit wecken

Sie zeigen einen freundlichen Gesichtsausdruck

Zeigen Sie von Beginn an ein freundliches Lächeln (Ausnahme: Trauerrede), wird dies von den Anwesenden regelmäßig als ein wortloses, emotionales und positives Angebot gewertet. Mit Ihrem freundlichen Gesichtsausdruck besitzen Sie einen wichtigen Schlüssel, um Ihre Zuhörer für Ihre Aussagen zu öffnen.

Hiermit wird auch für Sie selbst Positives bewirkt: Wissenschaftler haben herausgefunden, dass ein entspanntes Lächeln dem Körper wohler tut als eine angestrengte und sorgenvolle Mimik, denn es erfordert weniger Muskelaufwand und verzehrt weniger Energie. Lachen fördert zudem die Produktion von Endorphinen im Körper. Diese Hormonstoffe wirken wie ein Opiat. Sie beruhigen bei Stress und lösen ein allgemeines Wohlbefinden aus.

Sie zeigen eine aufrechte und lockere Haltung mit zur Gestik bereiten Händen

Setzen Sie Ihre Gestik und Mimik bewusst dazu ein, Ihre Aussagen zu untermalen (siehe Seite 76).

Sie halten Abstand zum Pult

Stützen Sie sich auf das Pult oder klammern Sie sich an ihm krampfhaft fest, wirken Sie wenig überzeugend. Es fehlt an Souveränität. Legen Sie Ihren Stichwortzettel auf das Pult – nicht aber Ihre Hände. Treten Sie vorsichtshalber einen Schritt zurück, damit Sie gar nicht erst in die Versuchung geraten, Ihre Hände fest am Pult zu verankern oder sich gar auf das Pult zu lehnen.

Sie nehmen Blickkontakt auf

Blicken Sie Ihre Zuhörer sogleich frei, furchtlos und freundlich an, stellen Sie zu ihnen eine unmittelbare persönliche Beziehung her und errichten Sie eine Brücke, über die Ihre Aussagen den Weg zu den Zuhörern finden. Da Sie Kompetenz und Wissen für Ihren Vortrag besitzen, fehlt es nicht an Selbstbewusstsein, das Sie durch Ihren Blickkontakt zum Ausdruck bringen. Auch erhöht Ihr Blickkontakt sogleich Ihre Autorität!

Bauen Sie Lampenfieber ab

Mit dem ersten Blick in Richtung Ihrer Zuhörer werden Sie bemerken, dass keine bis an die Zähne bewaffneten Ganoven vor Ihnen sitzen, die nur Böses im Schilde führen und Sie „abschießen" wollen. Vielmehr werden Sie völlig normale und interessierte Zuhörer erblicken, die auf Ihre Informationen gespannt sind.

Die anfängliche Unruhe im Saal legt sich. Einzelne Zuhörer werden die anderen schon auffordern, ruhig zu werden. Sobald die Zuhörer ihre Aufmerksamkeit auf Sie richten, beenden Sie die Vorpause.

7. So starten Sie mit Ihrer Rede

Noch ein letzter tiefer Atemzug, und es heißt für Sie: „Endlich kann ich meine Rede halten."

> **Praxis-Tipp:**
>
> Starten Sie Ihre Rede laut, langsam und ruhig.

Beginnen Sie mit leiser Stimme, würden manche noch nicht völlig konzentrierten Zuhörer Ihre ersten Worte überhören. Andere würden aus Ihrem leisen Sprechen schließen, dass Sie entweder sehr unsicher sind oder Ihren eigenen Aussagen keinen Glauben schenken. Die Zuhörer müssen sofort erkennen, „wer die Musik macht" und „wo die Musik spielt".

Durch langsames und betontes Sprechen vermindert sich die Gefahr des Versprechens. Auch finden Sie eher ein angemessenes Sprechtempo für den weiteren Redeverlauf.

Bitte denken Sie auch daran, sofort Gestik und Mimik einzusetzen. Durch Gestik entlädt sich Ihre Spannung und verschafft Ihnen Erleichterung. Betrachten Sie die anfängliche Gestik nicht nur als Mittel zum Wecken der Aufmerksamkeit der Zuhörer, sondern auch als gutes therapeutisches Mittel für sich selbst.

> **Praxis-Tipp:**
>
> Das zu Redebeginn noch vorhandene Lampenfieber verflüchtigt sich schon nach wenigen Momenten, zumal Ihnen während Ihrer Rede die Zeit fehlt, an dieses naturgegebene Phänomen zu denken!

Planen Sie Ihren Erfolg

2

1. Beginnen Sie sofort mit der Vorbereitung 24

2. Klären Sie grundlegende Fragen ... 24

3. Sammeln Sie ausreichend Material . 31

4. Ordnen Sie den Stoff nach Gliederungspunkten 32

5. Prüfen Sie kritisch, was fortfallen kann 33

6. Führen Sie Sprechdenkversuche durch 35

7. Legen Sie Ihren systematischen Stichwortzettel an 36

8. Sehen Sie abschließende Sprechdenkversuche vor 37

Planen Sie Ihren Erfolg

1. Beginnen Sie sofort mit der Vorbereitung

Sie beginnen sofort nach Übernahme eines Redeauftrags mit Ihrer gründlichen und systematischen Vorbereitung. Unvorhergesehene Unterbrechungen oder Störungen in der Vorbereitungsphase können Sie bei rechtzeitigem Start Ihrer Bemühungen eher ausgleichen als dann, wenn Sie erst fünf Minuten vor zwölf beginnen. Starten Sie zu spät mit Ihrer Vortragsvorbereitung, legt es erfahrungsgemäß die ganze Welt darauf an, Ihnen Knüppel zwischen die Beine zu werfen.

> **Praxis-Tipp:**
>
> Selbst wenn Sie fachkundig, versiert und routiniert sind, werden Sie keinesfalls auf eine rechtzeitige und optimale Vorbereitung verzichten, sondern diese ernst nehmen. Gute Reden lassen sich nicht aus dem Ärmel schütteln!

Beschäftigten Sie sich gewissenhaft und fundiert mit Ihrem Vortrag und versuchen Sie Ihr Möglichstes, die Rede zu einem Erfolg zu machen; so kann Ihnen kaum noch etwas passieren. Berechtigterweise wächst Ihr Selbstvertrauen und es stellt sich eine tüchtige Portion Sicherheit ein. Wie in vielen anderen Lebensbereichen gilt auch hier der Grundsatz: Gute Vorbereitung ist der halbe Erfolg!

2. Klären Sie grundlegende Fragen

Sie wollen sicherlich mit Ihren Aussagen bei Ihren Zuhörern ankommen und keinesfalls an ihnen vorbeireden? – Gut! Holen Sie zunächst Informationen zu den sechs nachfolgenden wichtigen Fragen ein. Die Antworten stellen den Ausgangspunkt für Ihre eigentliche Vorbereitung dar.

> **Praxis-Tipp:**
>
> Starten Sie die Vorbereitung Ihrer Rede mit der Beantwortung dieser Fragen, auf die wir im Anschluss noch genauer eingehen:
>
> Worüber will ich sprechen?
>
> Was will ich erreichen?

Klären Sie grundlegende Fragen

Zu wem werde ich sprechen?
Wie lange ist meine Redezeit?
Womit möchte ich meine Aussagen visualisieren?
Wann werde ich meinen Vortrag halten?

Worüber will ich sprechen?

Das Thema Ihrer Ausführungen ist klar abzugrenzen und werbewirksam zu formulieren. Einerseits verlieren Sie sich durch die deutliche Abgrenzung weder ins Uferlose noch ins Nebulöse, andererseits erkennt jeder Interessent sogleich, um was es in Ihrem Vortrag geht.

> **Praxis-Tipp:**
> Werbepsychologisch wirkungsvoll kleiden Sie Ihr Thema möglichst in Frageform.

Liest jemand die Ankündigung Ihrer Rede, wird mit der Frage sogleich ein Mitdenkreiz erzeugt, der regelmäßig das Interesse an der von Ihnen zu behandelnden Problematik vergrößert. So werden sich viele Leser durch die Formulierungen „Der ökologische Zustand des X-Sees" oder „Die Schulsituation in der Gemeinde Y" kaum angesprochen fühlen, während die attraktiveren Fragestellungen „Können wir den X-See noch retten?" oder „Brauchen wir in unserer Gemeinde ein neues Schulgebäude?" eher Neugier und Aufmerksamkeit wecken.

Was will ich erreichen?

> **Praxis-Tipp:**
> Ihre Rede darf – wenn Ihre Umgebung Sie ernst nehmen soll – nie Selbstzweck sein, sondern muss stets ein Ziel haben: Entweder wollen Sie Kenntnisse vermitteln, Überzeugungsarbeit leisten, Aktionen bei dem Publikum auslösen, Ihre Zuhörer unterhalten oder alles zusammen bewirken. Legen Sie frühzeitig fest, welche Botschaft bei Ihren Zuhörern ankommen soll.

Planen Sie Ihren Erfolg

Die von Ihnen anvisierte eindeutige Kernbotschaft fassen Sie in einen Zwecksatz. Ist die zentrale Botschaft fixiert (z. B. „Der X-See darf nicht umkippen" oder „Ein neues Schulgebäude muss schnellstens errichtet werden"), bauen Sie Ihren Vortrag auf dieses Ziel auf. Der Zwecksatz ist Ihr Leitgedanke bei der gesamten Redevorbereitung. Er schwebt Ihnen ständig leuchtschriftartig vor. Alles, was nicht in enger Beziehung zu ihm steht bzw. diesem vorgegebenen Ziel nicht dienlich ist, gehört nicht in Ihren Vortrag. Kommen Sie von dem durch den Zwecksatz markierten Kurs ab, verfehlen Sie Ihr Ziel und werden schlimmstenfalls als Schwätzer eingestuft.

Zu wem werde ich sprechen?

Natürlich wäre es günstig, ein „gläsernes" Publikum anzutreffen. Verschaffen Sie sich deshalb frühzeitig Informationen über den zu erwartenden Zuhörerkreis. Zweifellos muss eine Gruppe von Sonderschülern anders angesprochen werden als eine Gruppe von Professoren.

> **Praxis-Tipp:**
> Lernen Sie Ihre Zuhörer kennen, bevor Sie vor ihnen stehen.

Ihre Zuhöreranalyse kann sich auf vielfältige Fragen konzentrieren:

- Kennen sich die Zuhörer mit der Materie aus? Besitzen sie Insiderkenntnisse?
- Wie tief kann ich mit meinen Ausführungen einsteigen? Erwarten die Zuhörer nur allgemeine Informationen oder werden detaillierte Stellungnahmen und Spezialinformationen von mir erwartet?
- Welche aktuellen Bedürfnisse haben die Zuhörer? Was interessiert sie?
- Handelt es sich um Entscheidungsträger, die über Handlungsspielraum verfügen?
- Aus welchem Berufsbereich/Milieu stammen die Zuhörer?
- Wie alt ist die Zuhörerschaft?

Klären Sie grundlegende Fragen

- Welches Niveau ist zu erwarten?
- Welche Fachausdrücke und Fremdwörter kann ich als bekannt voraussetzen, damit meine Ausführungen adressatenbezogen sind?
- Welche „Fettnäpfchen" sollte ich meiden?
- Ist mit besonderen politischen Grundeinstellungen zu rechnen?
- Sind persönliche Kontrahenten zu erwarten, auf die ich mich bereits in meiner Vorbereitung einstellen sollte?
- Bestehen bei den Zuhörern Vorurteile gegenüber dem Thema oder mich?
- Nehmen die Zuhörer freiwillig an der Veranstaltung teil (was vorhandene Motivation signalisiert) oder wurden sie zu meinem Vortrag beordert (was ein vermindertes Interesse befürchten lässt)?

Praxis-Tipp:
Auch mit Ihrem „Outfit" werden Sie sich Ihrem Thema und Ihren Zuhörern anpassen.

Man darf zwar anders denken als seine Zeit, aber man darf sich nicht anders kleiden! Wählen Sie das für den Redeanlass passende „Outfit" (nicht „overdressed", nicht „underdressed"), akzeptieren Sie die Zuhörer eher und schließen sich auch leichter Ihren Aussagen an.

Wie lang ist meine Redezeit?

Ohne Kenntnis des Zeitplans für Ihre Rede ist folgende Situation denkbar: Sie sind mitten im Redefluss und wollen gerade mit einem durchschlagenden Argument zur großen Kür ansetzen. Plötzlich unterbricht Sie der Veranstalter, bedankt sich für Ihre Ausführungen und beendet unter Hinweis auf die fortgeschrittene Zeit Ihren Auftritt. Kennen Sie hingegen den Zeitrahmen des Veranstalters, können Sie sich hierauf einrichten und Ihren Auftritt optimal planen. In diesem Fall sollte es für

Planen Sie Ihren Erfolg

Sie selbstverständlich sein, die zeitlichen Vorgaben einzuhalten. Nichts ist gefährlicher als ungeduldige Zuhörer, die bei wesentlicher Zeitüberschreitung immer gereizter und unruhiger werden und sich fragen: „Wann kommt dieser Schwätzer endlich zum Schluss?"

Wie lang sollte eine Rede sein, bei der die Anwesenden zum Zuhören bereit sind und wach bleiben?

Nach neueren Untersuchungsergebnissen ist das Aufnahmevermögen für Informationen während der ersten zwanzig Minuten sehr gut und nimmt danach stetig ab.

Je länger die Rede dauert, umso mehr Zeit verbringen die Zuhörer mit Tagträumereien. Dies geschieht selbst bei interessierten Zuhörern, weil kein Mensch ständig einem anderen zuhören kann, ohne hierbei eigene geistige Aktivitäten zu entwickeln. Selbst wenn Sie sich nach zwanzig Minuten noch frisch fühlen, sollten Sie keinesfalls voraussetzen, dass Ihre Zuhörer ebenfalls noch fit sind. Nach einer Stunde geht die menschliche Konzentration völlig verloren.

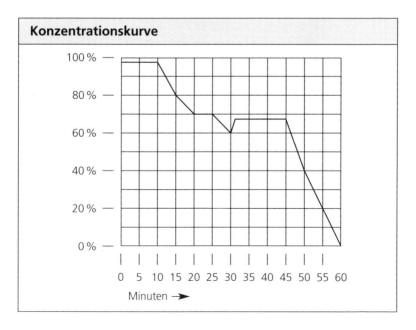

Klären Sie grundlegende Fragen

Da die meisten Menschen sich nur über eine kurze Zeitspanne gut konzentrieren können, merken wir uns: Ein Thema erschöpfend behandeln wollen, bedeutet, die Zuhörer schnell zu erschöpfen. Dem beugen wir vor, indem wir unsere Rede inhaltlich auf klare und überschaubare Statements begrenzen und uns mit einer Tatsachen- und Gedankenauswahl begnügen. „In der Kürze liegt die Würze" oder wie Mark Twain es auf den Punkt brachte: „Eine gute Rede hat einen guten Anfang und ein gutes Ende – und beide sollten möglichst dicht beieinander liegen."

Womit möchte ich meine Aussagen visualisieren?

In vielen Untersuchungen erhärtete sich die Gewissheit, dass neben der akustischen Wahrnehmung die optische Aufnahme von Informationen von großer Bedeutung ist. Visualisieren Sie Informationen, können Sie einen Sachverhalt häufig deutlicher, überzeugender und schneller darstellen, als es Ihnen sprachlich möglich ist. Je mehr Informationskanäle von Ihnen abwechselnd und ergänzend genutzt werden, umso dauerhafter und weniger störanfällig werden Informationen im Gedächtnis der Zuhörer verankert.

> **Praxis-Tipp:**
>
> Ist Ihnen frühzeitig bekannt, welche visuellen Hilfsmittel (z. B. Wandtafel, Whiteboard, Flipchart, Tageslichtprojektor, Notebook und Beamer) und technischen Möglichkeiten zur Verfügung stehen, dann beziehen Sie dieses Wissen in Ihre Vorbereitung ein.

Beim Einsatz visueller Hilfsmittel stellen Sie eine To-do-Liste auf, die Sie vor Ihrer Rede abarbeiten. Mögliche Punkte:

Sitzordnung? Technikcheck? Licht und Verdunkelungsmöglichkeiten? Wer ist Ansprechpartner bei technischen Fragen/Pannen?

Falls vorhanden, sollten Sie auf die Mitnahme Ihres eigenen Equipments nur im Ausnahmefall verzichten. Ihre eigene Ausrüstung beherrschen Sie im Schlaf, bei Nutzung fremder Geräte gehen Sie stets ein Risiko ein.

Planen Sie Ihren Erfolg

Wann werde ich meinen Vortrag halten?

Nicht jede Tageszeit ist für Ihre Rede günstig. Denken Sie an den Morgenmuffel, der sich um acht Uhr noch im Halbschlaf befindet. Berücksichtigen Sie auch das Verhältnis von Essen und Aufnahmefähigkeit, das Sie schon an sich selbst bemerkt haben (Verdauungsmüdigkeit nach dem Essen).

Praxis-Tipp:
Der Mensch ermüdet nicht nur körperlich, sondern auch geistig. Wenn machbar, beachten Sie bei Ihren Terminabsprachen den Leistungsrhythmus von „Otto Normalverbraucher":

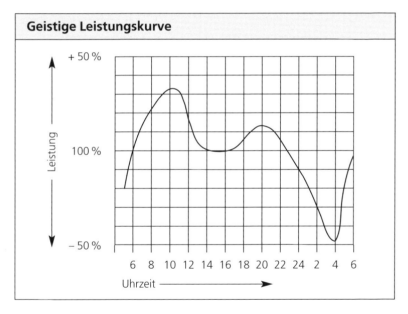

Hier darf der Hinweis nicht fehlen, dass Müdigkeit auch bei zu hoher Raumtemperatur schnell eintritt. Herrscht eine Temperatur um 20 °C, klappt die Organisation im menschlichen Körper bestens. Bei größerer Wärme stellen sich Gefäßerweiterungen ein, aus denen Ermüdungserscheinungen resultieren. Mit jedem Grad mehr Wärme vermindert sich das Leistungsvermögen Ihrer Zuhörer um 4 Prozent.

3. Sammeln Sie ausreichend Material

Viele Redner brüten ihre Rede am Schreibtisch im Schweiße ihres Antlitzes aus, feilen die Redepassagen nach allen Regeln deutscher Stilistik aus und lernen schließlich die Endfassung auswendig. Bitte machen Sie sich von dieser zeit- und energieaufwändigen Art der Vorbereitung frei und freunden Sie sich besser mit der nachfolgend beschriebenen Vorgehensweise an.

> **Praxis-Tipp:**
>
> Sammeln Sie zunächst so viel Material zum Thema wie möglich. Verfügen Sie über umfangreiches Material, so können Sie aus dem Vollen schöpfen und die wesentlichen Informationen und durchschlagenden Argumente in Ihre Rede einbauen und sind nicht gezwungen, Stoffarmut durch Wortreichtum zu ersetzen.

Erfolgreiche Redner tragen etwa drei- bis fünfmal so viel Stoff zusammen, wie sie für die Rede tatsächlich brauchen. So geraten sie nicht in Gedankennot und können in einer eventuell folgenden Diskussion in der Rede unerwähnt gebliebene Gedanken nachschieben.

Notieren Sie Wichtiges auf Gedankenzettel in Postkartengröße:

- Eigenmaterial, d. h. Gesichtspunkte, die
    - Sie unmittelbar aus Ihrem Gedächtnis abrufen
    - Ihnen nach reiflichen Überlegungen einfallen
    - Sie urplötzlich als Geistesblitze erreichen
- Fremdmaterial, d. h. Gesichtspunkte, die
    - Sie von anderen Seiten aufgreifen (Zeitungen, Fachzeitschriften, Fachbücher, Nachschlagewerke, Zitatensammlungen, Verwandte, Freunde, Kollegen usw.)

> **Praxis-Tipp:**
> Wichtig ist, nie mehr als einen Gedanken auf einen Zettel zu schreiben und diesen zur besseren Übersicht auch nur einseitig zu beschriften.

Bei Fremdmaterial fügen Sie genaue Quellenangaben hinzu, so dass Sie im Vortrag auch die jeweilige Fundstelle angeben können.

Um während Ihrer Vorbereitungsphase immer aufnahme-, schreib- und registrierbereit zu sein, tragen Sie ständig leere Gedankenzettel und einen Stift bei sich. Selbst wenn Sie sich im Moment auf andere Dinge konzentrieren oder einen Augenblick der Muße einlegen, beschäftigt sich Ihr Unterbewusstsein mit Ihrem Redethema weiter. Unverhofft blitzen gute Einfälle, interessante Gedanken und Formulierungen auf, neue Zusammenhänge oder Querverbindungen zwischen einzelnen Argumenten werden erkennbar. Leider halten sich diese Geistesblitze nicht an bestimmte „Besuchszeiten", sondern kommen, wann sie wollen. Versäumen Sie es, den Einfall sogleich aufzuschreiben, durchforschen Sie später Ihr Gedächtnis vergebens. Mit Ihrer sofortigen Niederschrift auf einem Gedankenzettel „verhaften" Sie den Gesichtspunkt, der Ihnen nun nicht mehr verloren gehen kann.

4. Ordnen Sie den Stoff nach Gliederungspunkten

Auf Ihren Gedankenzetteln sammeln sich rasch viele verwertbare Beiträge für Ihre Rede an. Aus ihnen fügen Sie ein rhetorisches Glanzstück zusammen. Jede Rede besteht wie ein Mosaik aus vielen Bausteinen. Für Ihre farbige und interessante Rede benötigen Sie unterschiedliche Bausteine:

- Fakten
- Definitionen
- Statistiken
- Beispiele
- Gags
- humorvolle Assoziationen
- Gleichnisse
- Zitate
- rhetorische Fragen
- Anekdoten
- Wiederholungen
- Wortspiele

> **Praxis-Tipp:**
> Aus dem anfänglichen Gedanken-Chaos auf Ihren Gedankenzetteln entsteht schnell ein überschaubares Gefüge, wenn Sie im ersten Schritt Ihre Gedankenzettel nach den Redeteilen Einleitung, Hauptteil und Schluss sortieren. Danach ordnen sie in einem zweiten Schritt die Zettel der einzelnen Redeteile so hintereinander, wie es sich vom Sinn und der beabsichtigten Wirkung her anbietet.

Damit ist bereits der „Rohbau" Ihrer Rede fertig, so dass Sie mit den Feinarbeiten beginnen können.

5. Prüfen Sie kritisch, was fortfallen kann

Nach Ihrer Materialsuche steht Ihnen ein umfangreicher Rohstoff zur Verfügung, der nun gesichtet werden muss. Trennen Sie Wichtiges von Unwichtigem. Ihre Rede sollte so sein, wie wir uns idealerweise die Rechnung eines Handwerkers wünschen: Sie soll nichts Überflüssiges enthalten und sich auf ein angemessenes Maß beschränken.

> **Praxis-Tipp:**
> Wollen Sie Weitschweifigkeit vermeiden und sich auf die wesentlichen Gesichtspunkte konzentrieren, prüfen Sie, welche Materialien fortfallen können.

Hierfür käme beispielsweise in Betracht:
- den Zuhörern bereits Bekanntes
- Gesichtspunkte, die zu weit hergeholt sind
- unwesentliche Einzelheiten
- unsachliche Argumentation
- unbewiesene Behauptungen
- Vermutungen und Halbwahrheiten
- billige Schmeicheleien
- Unterwürfigkeit

Planen Sie Ihren Erfolg

Checkliste: Wichtiges von Unwichtigem trennen		
	JA	NEIN
Dient dieser Punkt meinem Zwecksatz?		
Ist dieser Aspekt für meinen Vortrag unverzichtbar?		
Passt diese Aussage zu der Zuhörerschaft?		
Spreche ich das vermutete Zuhörerniveau an?		
Können die Zuhörer aus diesem Gesichtspunkt für sich einen Nutzen ziehen, so dass sie aufhorchen werden?		
Kann ich diesen Gedanken in angemessener Zeit verständlich und überzeugend darstellen?		
Ist diese Überlegung einfach, konkret, präzise und unmissverständlich, so dass sie auf Anhieb begriffen wird?		
Werden die Zuhörer bei diesem Punkt aufmerken und ihn im Gedächtnis behalten, anstatt sich zu langweilen?		
Leidet meine Rede darunter, wenn ich diesen Aspekt weglassen würde?		
9 mal JA bedeutet: Dieser Gesichtspunkt zählt zu den tragenden Elementen Ihrer Rede.		

Genügt ein Aspekt den strengen Auswahlkriterien der Checkliste nicht, wandert er als mittelmäßiges oder schwaches Bauteil in Ihre Reserve.

Auch in der Rede zeigt sich der Meister in der Beschränkung auf das Wesentliche. Lieber nur wenige Nägel fest in das Erinnerungsvermögen Ihrer Zuhörer einschlagen, als viele Reißzwecken nur so ganz eben hineinstecken.

Bereits Aristoteles erkannte: „Eine Rede ist dann gut, wenn man nichts mehr streichen kann."

6. Führen Sie Sprechdenkversuche durch

Das nach den Gliederungsteilen Einleitung, Hauptteil und Schluss geordnete Eigen- und Fremdmaterial liegt vor Ihnen, nachdem verzichtbarer Ballast abgeworfen wurde. Nun stellen die auf den verbliebenen Gedankenzetteln festgehaltenen Informationen Ihren Rede-Rohbau dar, den Sie vermörteln und fugenglatt machen müssen. Dies geschieht durch lautes Sprechdenken.

Beim Sprechdenken werden Denk- und Sprechprozess miteinander verknüpft, man denkt während des Sprechens und durch das Sprechen. Bilden Sie hierbei zu jedem Stichwort mehrere Sätze. Es entsteht eine Gedankenkette, die schließlich alle verbliebenen Stichpunkte umfasst.

Bevor die Endfassung Ihrer Rede feststeht, werden Sie in mehreren Sprechdenkversuchen Ihre Stichpunkte noch einmal überprüfen, neu abwägen und eventuell umgliedern, mit einem Ziel: Schönheitsreparaturen an Ihrem Bauwerk vornehmen.

> **Praxis-Tipp:**
>
> Je häufiger Sie sich Ihre Rede vortragen
>
> - desto mehr üben Sie sich im Formulieren
> - desto eher finden Sie die beste Ausdrucksform, indem Sie an jedem Aspekt feilen und schleifen und ihn für den Ernstfall aufpolieren
> - desto eher vermeiden Sie Stolpersteine und Zungenbrecher
> - desto mehr prägen Sie sich die wichtigsten Punkte ein
> - desto besser können Sie Ihre Redezeit abschätzen

Halten Sie Ihre Sprechdenkübungen in einer ungestörten Umgebung zu einer Tageszeit ab, in der Sie besonders aufnahmefähig sind (siehe Seite 30 f.), dann merken Sie schnell, dass sich Ihr Gedankenfluss verstärkt, Ihre Wort- und Satzgestaltung verbessert und Ihre Überzeugungskraft ansteigt.

7. Legen Sie Ihren systematischen Stichwortzettel an

Nach Ihren Sprechdenkversuchen ist Ihr Rede-Gebäude fertig. Sie könnten eigentlich mit den vor Ihnen liegenden Gedankenzetteln die Rede sofort halten. Um jegliche Konfusion durch umherflatternde oder durcheinander geratene Gedankenzettel auszuschalten, machen Sie jetzt Schluss mit der Zettelwirtschaft.

> **Praxis-Tipp:**
> In gut lesbarer Schrift übertragen Sie die Stichwörter Ihrer Gedankenzettel in einen systematischen Stichwortzettel (siehe Seite 38).

Auch wenn manche Rhetoriktrainer die Verwendung mehrerer Stichwortkarten empfehlen, sollten Sie sich mit dem einseitigen systematischen Stichwortzettel anfreunden. Ihre Aufmerksamkeit ist dann nur auf ein Blatt gerichtet, während Sie sich bei mehreren Karten darauf konzentrieren müssen, stets die richtige Karte zur Verfügung zu haben. Da sich Ihre Hände immer wieder mit den Karten beschäftigen müssen, fallen sie häufiger für lebendige und ausdrucksstarke Gestik aus. Nicht nur Ihr Blickkontakt leidet unter den ständigen Ablenkungen, auch Ihre Souveränität nimmt durch Ihre gewisse Konzentration auf die Stichwortkarten Schaden.

Sicherheit für weniger geübte Redner

Der systematische Stichwortzettel ist ein klares, übersichtliches und diszipliniertes Gedankenmanuskript (siehe Muster Seite 38); es verleiht auch dem weniger geübten Redner ein „Schwimmgürtelgefühl" – man kann nie untergehen! Selbst wenn Sie sich sehr sicher fühlen, sollten Sie einen Stichwortzettel zur Verfügung haben, um auch bei außergewöhnlichen Zwischenfällen (z. B. ein Zwischenruf bringt Sie aus dem Konzept) den Faden wieder aufnehmen und souverän über den Dingen stehen zu können.

Ihren Stichwortzettel bauen Sie keinesfalls zu einem Stichsatzzettel aus. Vielmehr dient er Ihnen als roter Faden, aus dem Sie ersehen, was Sie sagen wollen und nicht, wie Sie es sagen wollen. Je ausführlicher Ihr

Papier ausfällt, desto größer ist die Gefahr des Ablesens mit der Folge, dass der Kontakt zu den Zuhörern leidet oder sogar verloren geht.

Damit Sie nicht vergessen, im passenden Moment auch zusätzliche und Ihre Aussagen fördernde Aktivitäten zu zeigen, notieren Sie diese auf Ihrem Stichwortzettel in der Spalte „Verweise". Neben vorbereiteten Folien für den Tageslichtprojektor oder Beamer oder einer kleinen Skizze für Wandtafel oder Whiteboard denken Sie auch an ein Buch oder eine Zeitschrift, woraus Sie für Ihr Publikum gut sichtbar wesentliche Sätze zitieren (siehe Seite 120).

Möglicherweise fragen Sie sich, weshalb auf dem nachfolgenden Muster eines Stichwortzettels (Seite 38) dem Schluss viel Platz eingeräumt wird. Da der Redeschluss der wichtigste Redeteil ist („der langen Rede kurzer Sinn"), dürfen Sie sich hier keinen unverzeihlichen Fehler erlauben. Deshalb halten Sie ausnahmsweise Ihre zwei, drei ausgefeilten Schlusssätze wortwörtlich fest, um diese nach einem kurzen Blick aufs Papier überzeugend vortragen zu können.

8. Sehen Sie abschließende Sprechdenkversuche vor

In unserem letzten Vorbereitungsschritt gewöhnen Sie sich an Ihren systematischen Stichwortzettel, der Ihnen sympathisch sein muss, damit sie gern mit ihm arbeiten. Ihr Auge stellt sich auf den Stichwortzettel ein, bis Sie sich auf ihm fast „blind" zurechtfinden.

> **Praxis-Tipp:**
>
> Üben Sie in einigen Sprechdenkversuchen nochmals den „Ernstfall". Ihre Sicherheit vergrößert sich stetig, zumal Sie sich nach dieser intensiven Vorbereitung den Redeinhalt zu Eigen gemacht haben.

Vor Ihnen steht nun ein schmucker und attraktiver Rede-Neubau, der darauf wartet, von Ihnen in überzeugender Manier präsentiert zu werden.

Planen Sie Ihren Erfolg

Muster eines systematischen Stichwortzettels

Thema:

Erklärungen:

Hauptstichwörter	Nebenstichwörter	Verweise
1.	a) b) c)	Folie 1
2.	a) b)	DER SPIEGEL
3.	a) b) c) d) e)	Folie 2 Produkt zeigen
4.	a) b)	Bericht Statistisches Bundesamt
5.	a) b) c)	Folien 3–5 Folie 6

Schluss:

Die kursiv gedruckten Wörter entfallen in der Praxis. Hier dienen sie lediglich der Verdeutlichung.

Ihr Bauplan für Ihre Rede

3

1. Eine sinnvolle Gliederung entwerfen 40
2. Einleitung 40
3. Hauptteil 45
4. Schluss 58
5. Standpunktformel 61

Ihr Bauplan für Ihre Rede

1. Eine sinnvolle Gliederung entwerfen

Ihre gesammelten Gedanken bilden die Bausteine, aus denen Sie ein stabiles Gebäude errichten wollen. Zunächst benötigen Sie aber einen durchdachten Bauplan. Für Ihren Redebau übernimmt die Gliederung diese Funktion. Mit einer klaren Gliederung führen Sie Ihre Zuhörer mit jedem Satz und Gedanken weiter zum Kernpunkt Ihres Anliegens. Dabei bringen Sie Ihre Bausteine in eine überschaubare sowie logisch und psychologisch geschickt aufgebaute Reihenfolge. Je besser Sie ordnen, gliedern, strukturieren, desto leichter hat es das Gedächtnis des Zuhörers, das Aufgenommene zu behalten.

Aus der Schulzeit ist Ihnen das Gliederungsschema für Aufsätze noch in Erinnerung: Einleitung, Hauptteil, Schluss.

> **Praxis-Tipp:**
> Auch eine Rede muss deutlich in Einleitung, Hauptteil und Schluss gegliedert werden. Die Einleitung muss zum Thema hinführen, Kontakt fördern und zugleich Aufmerksamkeit und Interesse wecken. Der Hauptteil enthält Ihre Argumentation, während der Schluss das Wesentliche zusammenfasst und Handlungsanstöße vermittelt.

2. Einleitung

Mit Ihren ersten Sätzen in der Aufwärmphase wollen Sie zu den Anwesenden eine Brücke schlagen, sie für Ihre Überlegungen öffnen und sensibilisieren und eine mögliche Empfangsblockade durchbrechen. Clevere Redner bemühen sich vom ersten Satz an um eine positive Aufnahme, indem Sie Komplimente wie „Danke, dass Sie sich trotz des schlechten Wetters hierher durchgekämpft haben" oder „Herzlichen Dank für Ihr Engagement, das Sie trotz des herrlichen Wetters zu uns geführt hat" vorsehen.

Gleichzeitig soll mit der Einleitung Neugier, Interesse oder Betroffenheit geweckt werden. Vermittelt die Einleitung schnell den Eindruck, dieser Vortrag könne von Bedeutung sein, sind Ihre Informationen

Einleitung

willkommen. Ist hingegen der von Ihnen vermittelte erste Eindruck ungünstig, entscheiden sich manche Zuhörer für geistiges Abschalten, andere gehen sogleich in Opposition.

Die ersten zehn Sätze sind wichtiger als die folgenden zweihundert

Für Sie ist es wichtig, einen guten Beginn zu finden. Wurde der Start verpatzt, ist das Schicksal Ihrer ganzen Rede möglicherweise schon besiegelt. Und eine zweite Chance für eine Rede zum gleichen Thema vor der gleichen Zuhörerschaft bekommen Sie nicht.

Guter Einstieg ⟶ verhindert Ausstieg

Schlechter Einstieg ⟶ provoziert Ausstieg

So stellen Sie sich vor

Müssen Sie sich Ihrer Zuhörerschaft vorstellen, sollten Sie folgendermaßen vorgehen:

1. die Anwesenden anreden und begrüßen
2. sich vorstellen (Name, Beruf, Herkunft)
3. Ihr Thema nennen
4. erklären, aus welcher Sicht und aus welchem Grund es für die Zuhörer wichtig ist, sich mit Ihrem Thema zu beschäftigen

Die unter 4. angesprochenen Erklärungen müssen die Wichtigkeit des Redethemas zuhörerbezogen herausarbeiten. Stellen Sie die Bedeutung lediglich aus Ihrem Blickfeld dar, interessiert dies nicht alle Zuhörer. Sind Ihre Erklärungen indes hautnah, stichhaltig und beeindruckend, kommen alle Zuhörer zu der Feststellung: „Interessant, da liegt was für mich drin." Denken Sie bitte immer daran: Überzeugt werden kann nur derjenige, der durch das Gesagte beeindruckt wird. Und beeindruckt wird nur derjenige, dessen Interesse geweckt wurde!

Auch brauchen Ihre Zuhörer nach Ihren Erklärungen, die als Eisbrecher, Wegweiser und Köder zugleich wirken sollen, nicht mehr zu raten, ob Sie einen Bericht oder eine Stellungnahme abzugeben gedenken, ob Sie eine Behauptung beweisen oder ein Problem zur Diskussion stellen wollen.

Ihr Bauplan für Ihre Rede

So stellen Sie sich vor – Beispiel:

1. Guten Abend, meine sehr verehrten Damen und Herren, ich begrüße Sie sehr herzlich.
2. Mein Name ist Herbert Scholz. Ich bin als wissenschaftlicher Mitarbeiter beim Bundesamt für Umweltschutz tätig und beschäftige mich dort mit dem Lebensmittel „Wasser".
3. Mein Thema lautet: „Wird unser Trinkwasser knapp?"
4. Zunächst zeige ich in meinem Vortrag die Gefahren auf, denen wir alle durch die zunehmende Verschmutzung des Grundwassers ausgesetzt sind. Danach wollen wir erörtern, was in unserer Macht steht, der schleichenden Wasservergiftung und der drohenden Wasserknappheit zu begegnen.

Neben dieser als solide einzuordnenden Möglichkeit gibt es ungezählte andere Varianten für eine Einleitung, wie durch die folgende kleine Auswahl erkennbar wird:

Denkreiztechnik

Sie konfrontieren Ihre Zuhörer mit der Problematik und zwingen Sie zum Mitdenken, indem Sie sie mit aufschreckenden Fragen oder gar einer Kette aufrüttelnder Fragen bombardieren: „Wie nennen wir einen Menschen, der eine lebensbedrohende Gefahr auf sich zukommen sieht und nicht reagiert? Ist es ein Lebensmüder? Oder ein Narr? Wie würden Sie sich verhalten …?"

Aktuelles Ereignis

Sprechen Sie aktuelle Sachverhalte an, so bringen Sie die Anwesenden sogleich auf einen gemeinsamen Nenner und formen eine Hörergemeinschaft. Man bewegt sich auf bekanntem und vertrautem Terrain – ein sofortiger Nickeffekt ist die Folge: „Sie haben gestern in den Nachrichtensendungen von dem aktuellen Bericht des Bundesamtes für Umweltschutz über die Verschmutzung des Grundwassers durch Chemikalien gehört. Vermutlich waren Sie überrascht, als Sie erfuhren …"

Einleitung

Provokation

Drastische, teils überspitzte Formulierungen, mit denen die Gefühlslage der Zuhörer intensiv angesprochen wird, erhöhen die Aufmerksamkeit: „Heute können wir noch genießbares Wasser trinken. Steuern wir der Grundwasserverschmutzung nicht sofort entgegen, wird es in einigen Jahren Gift sein!"

Direkttechnik

Sie springen mitten ins Thema und verzichten auf motivierende Erklärungen (diese nüchterne Technik bietet sich besonders bei Fachvorträgen unter Zeitdruck an): „In den letzten hundert Jahren hat sich die Genießbarkeit des Trinkwassers ständig verschlechtert. Heute sind ..."

Zitat

„Bereits vor 2 500 Jahren erkannte der griechische Lyriker Pindar: Wohl ist Wasser das Beste ..."

Aber auch bestimmte Ereignisse, persönliche Erlebnisse, Anekdoten mit treffender Pointe, kurze geschichtliche Rückblicke oder scherzhafte Äußerungen können als „Aufhänger" für Ihre Rede dienen (doch üben Sie hier Vorsicht, denn ein Witz ist dann nicht lustig, wenn er verletzt oder den guten Geschmack beleidigt oder nur Sie selbst lachen).

Zwei wichtige Empfehlungen

1. Ihre Einleitung darf nicht zu lang sein.

Der zunächst durch eine Vorspeise geweckte Appetit vergeht, wenn das Hauptgericht zu lange auf sich warten lässt. Besonders ist vor geschichtlichen Rückblicken zu warnen, bei denen in epischer Breite die Menschheitsgeschichte von Adam und Eva bis in unsere Zeit dargelegt wird. Hierzu merkt Kurt Tucholsky in seinem Aufsatz „Ratschläge für einen schlechten Redner" an: „Fang immer mit den alten Römern an und gib stets, wovon du auch sprichst, die geschichtlichen Hintergründe der Sache. Das ist nicht nur deutsch – das tun alle Brillenmenschen. Ich habe einmal in der Sorbonne einen chinesischen Studenten sprechen hören, der sprach glatt und gut französisch, aber er begann zu allgemeiner Freude so: ‚Lassen Sie mich Ihnen in aller Kürze die Entwicklungsge-

Ihr Bauplan für Ihre Rede

schichte meiner chinesischen Heimat seit dem Jahre 2000 vor Christi Geburt ...' Er blickte ganz erstaunt, weil die Leute so lachten ..."
2. Seichte, abgedroschene, unglaubwürdige und entschuldigende Floskeln in Ihrer Einleitung fordern als „Ohrenschließer" geradezu Gähnen oder Abschalten der Zuhörer heraus.

Eine „schwache" Aussage	Der Zuhörer denkt sich
Ich erlaube mir, heute zu einem interessanten Thema Stellung zu nehmen.	Und ich erlaube es nicht!
Nach meiner unmaßgeblichen Meinung ...	Seine unmaßgebliche Meinung soll er für sich behalten.
Sie mögen mir nachsehen, wenn ich mich unterfange ...	In welchem Jahrhundert lebt der eigentlich?
Ich begrüße Sie besonders herzlich und freue mich, dass so viele der Einladung Folge geleistet haben ...	Was, diese zwanzig Zuhörer sind bei ihm viel?
Bevor ich zum eigentlichen Thema komme, lassen Sie mich kurz ...	Meine Güte, wann will er denn einsteigen?
Da ich mich nicht vorbereitet habe, können Sie mich auch nicht aus dem Konzept bringen ... oder Unvorbereitet wie ich bin ... oder Ich konnte mich leider nicht vorbereiten, denn ...	Ein unverschämter Kerl. Besitzt er doch tatsächlich die Frechheit, ohne Vorbereitung zu erscheinen und mir meine kostbare Zeit zu stehlen. Was hätte ich in dieser Zeit alles machen können!
Es fällt mir schwer, so frei zu reden, aber da ich so nett aufgefordert wurde ...	Wenn es ihm schwer fällt, soll er es besser bleiben lassen.
Leider gibt die in der Stadtbücherei vorhandene Literatur nichts her, so dass Sie sich mit meiner Meinung begnügen müssen ...	Na, dann Mahlzeit, seine Meinung ... Hilfe!
Ich bin mir wohl bewusst, dass ich die in diesem Thema steckende Problematik nur so eben anreißen kann ...	Sieh an, auch wieder einer, der etwas anfängt und nicht zu Ende bringt.

Hauptteil

> **Praxis-Tipp:**
> Geäußerte Indispositionen wirken auf Zuhörer als Ohrenschließer. Streichen Sie diese Erfolgsverhinderer. Schließlich haben Sie es nicht nötig, auf der Mitleidwelle zu reiten.

Ihre Einleitung entwerfen Sie besser erst nach Festlegung von Hauptteil und Schluss. Dann haben Sie ein überschaubares Bild von Ihrer Rede und können eine passende Einleitung formulieren.

Üben Sie Ihre sorgfältig formulierte Einleitung so lange, bis sie „sitzt". Mit diesem Redeteil wollen Sie Ihre Zuhörer für sich und das Thema interessieren, so dass Sie im folgenden Hauptteil Ihren Ehrgeiz darauf richten können, die Zuhörer für Ihre Argumente zu gewinnen. Bei einer gelungenen Einleitung werden Sie schon nach einigen Sätzen bei Ihren Zuhörern ein positives Echo bemerken, welches Ihnen das notwendige Selbstvertrauen gibt und anfängliches Lampenfieber in Antriebskraft verwandelt.

Mit Ihren zum Zuhören motivierenden Erklärungen schaffen Sie einen eleganten Übergang von der Einleitung zum Hauptteil.

> **Praxis-Tipp:**
> Ein gelungener Start beflügelt Sie und erhöht die Aufmerksamkeit und den Respekt Ihrer Zuhörer.

3. Hauptteil

Während Sie Einleitung und Schluss Ihrer Rede eher unter dramaturgischen Aspekten aufbauen, werden Sie im Hauptteil Ihre inhaltliche Argumentation unterbringen. Auf den Inhalt einer Rede wollen wir nicht eingehen. Wir setzen voraus, dass der Redner „voll im Stoff steht" (Cato: „Beherrsche die Sache, dann folgen die Worte."). Ansonsten würde er von seinen Zuhörern schnell als Schwätzer („Man sollte ihm die Stimmbänder herausreißen!") eingestuft.

Statt den Zuhörer durch kunterbunt zusammengetragene Aussagen zu verwirren, bemühen Sie sich auch im Hauptteil um geometrische

Ihr Bauplan für Ihre Rede

Klarheit. Ein schrittweises Vorgehen ist unbedingt anzuraten: Ihre überzeugenden Erklärungen in der Einleitungsphase machten Ihre Zuhörer mit dem Problem bekannt. Nun müssen Sie in ihnen auch ein Problembewusstsein wecken. Jeder Zuhörer soll vom Thema persönlich berührt werden. Besonders wirkungsvoll ist eine Gliederung des Hauptteils nach Vergangenheit, Gegenwart und Zukunft.

Nach einem Hinweis auf früher herrschende Zustände leiten Sie auf die Gegenwart über. Entweder ist nun zu argumentieren, weshalb der gegenwärtige Zustand zu ändern ist oder weshalb er beibehalten oder sogar verteidigt werden muss. Danach setzen Sie den Zuhörern überzeugend auseinander, was künftig sein müsste. Sie fügen praktische Vorschläge an, wie der anvisierte Zustand zu erreichen ist. Ob Sie nun von der Vergangenheit zur Gegenwart überleiten oder ob Sie entgegengesetzt zunächst die Gegenwart beleuchten, dann ausführen, wie es zur momentanen Situation kam, bleibt Ihnen überlassen.

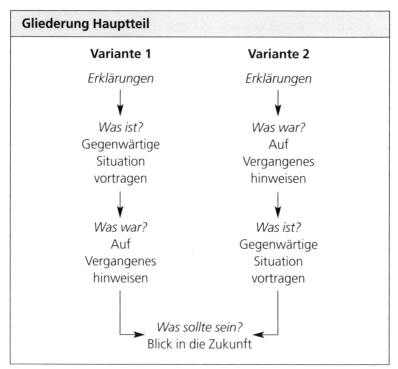

Hauptteil

Der Zuhörer will von Ihnen erfahren, welche zwingenden Gründe für Ihre Auffassung sprechen sowie die Hintergründe Ihrer Aussagen kennen lernen. Er möchte nicht nur auf ein Problem hingewiesen werden, sondern auch konkrete Informationen erhalten, wie dem Problem zu Leibe zu rücken ist. Bei Ihnen liegt es, eine für jeden Zuhörer verständliche und in den Augen der Anwesenden überzeugende Beweisführung anzubieten.

Argumente

Ihren Aussagen verleihen Sie mehr Gewicht, wenn Sie diese mit „knallharten" Argumenten (ZDF = Zahlen, Daten, Fakten) untermauern können:

- Zahlenmaterial (Berechnungen, Statistiken, Prognosen anerkannter/kompetenter Stellen)
- Auszüge aus fachwissenschaftlichen Veröffentlichungen
- Ergebnisse repräsentativer Umfragen seriöser Institute
- Ergebnisse „wasserdichter" Tests
- Berichte aus Fachpresse, Funk und Fernsehen

Praxis-Tipp:

Nicht jedes Argument besitzt die gleiche Wertigkeit und Überzeugungskraft. Sie sollten mit einem starken Argument beginnen, danach etwas schwächere Argumente bringen und das stärkste und schlagkräftigste Argument für den Schluss aufsparen.

starkes Argument
↓
schwächere Argumente
↓
durchschlagendes Argument

Ihr Bauplan für Ihre Rede

Versuchen Sie, sich möglichst gut in die Rolle Ihrer Zuhörer zu versetzen, um deren Einschätzung des jeweiligen Arguments vorauszusehen. Henry Ford empfahl: „Wenn es ein Geheimnis für den Erfolg gibt, so ist es dies: Den Standpunkt des anderen zu verstehen und die Dinge mit seinen Augen anzusehen."

Würden Sie die antike Regel beherzigen, wonach die Beweisführung sich vom schwächsten zum stärksten Argument steigert, würden Sie sich selbst „das Wasser abgraben". Der Start mit einem schwächeren Argument ist unklug, da er den Widerstand Andersdenkender sogleich verstärkt. Auch wird mancher Zuhörer wegen vermuteter fehlender Substanz in Ihrer Rede sofort das Interesse an den weiteren Ausführungen verlieren („Was, mehr hat er nicht zu bieten?").

Beginnen Sie hingegen mit einem zwingend-stichhaltigen Argument, so kommt der Zuhörer sofort auf seine Kosten – er fühlt sich angesprochen und erhöht seine Aufmerksamkeit („Donnerwetter, das wird interessant, es hat sich gelohnt, hergekommen zu sein.").

Die schwächeren Argumente sind im Mittelstück am besten aufgehoben, weil sie dort am leichtesten überhört werden. Schauen Sie trotzdem genau hin, ob Sie Ihre schwächeren Argumente nicht doch besser frühzeitig eliminieren sollten. Verfallen Sie keinem Vollständigkeitswahn, sondern zeigen Sie besser Mut zur Lücke.

So wie viele Feldherren ihre besten Truppenteile zunächst zurückhielten, um sie als Reserven später schlachtentscheidend einzusetzen, bringen Sie Ihr bestes Argument zum Schluss Ihrer Beweisführung. Mit diesem „Totschlag"-Argument (der letzte Zweifler wird mit ihm „erschlagen") sollen alle Zuhörer auf Ihre Linie eingeschworen werden.

Argumente WIE vortragen

Bei Schriftlichem können Sie optisch gut strukturieren, indem Sie Absätze bilden, Wichtiges unterstreichen oder einzelne Wörter durch Fettdruck oder Kursivschrift hervorheben. In einem Vortrag nummerieren Sie Ihre Argumente an Stelle von optischen Orientierungshilfen. Diese Gliederungsform kündigen Sie an und halten Sie danach auch unbedingt ein:

Hauptteil

„Ich begründe meinen Standpunkt mit drei Argumenten:
1. .... 2. .... 3. ...."

„In vier Schritten werde ich Ihnen meine Gedanken entwickeln:
1. .... 2. .... 3. .... 4. ...."

Werden mehr als fünf Punkte angesprochen, kommt die Übersichtlichkeit abhanden. Schlagartig lässt das Interesse der Zuhörer nach, wenn zu viele Stationen zum Ziel führen. In der Beschränkung auf wenige Punkte, die exzellent dargestellt werden, zeigt sich der Meister.

Natürlich legen Sie besonderes Gewicht auf klare, stichhaltige und überzeugende Argumente, mit denen Sie darstellen, weshalb Ihre Auffassung richtig ist und weshalb Ihre Vorschläge für die Zuhörer Vorteile und Nutzen bringen (also immer die Interessenlage der Zuhörer berücksichtigen!). Im Regelfall stehen Ihnen absolute (apodiktische) und relative Beweise zur Verfügung.

Absolute Beweise sind objektiv feststellbare, messbare oder beweisbare Tatsachen, die unwiderlegbar sind und keinen Widerspruch dulden. Hierbei sind Zahlen die solideste und konkreteste Beweisart (z. B. das spezifische Gewicht von Gold ist 19,3 N/m^3).

Relative Beweise stufen wir als „Wirklichkeiten zweiter Ordnung" oder „individuelle Wirklichkeiten" ein. So ist der Stellenwert von Gold für den einzelnen Menschen nicht einheitlich, denn er bezieht sich auf Meinungen und Standpunkte, die sich sehr wohl verändern können. Hier sind personenbedingte Grundvoraussetzungen zu beachten, die unterschiedliche Bewertungen und Auslegungen zulassen. Als Beispiel soll die Erzählung „Wahrheit über Elefanten" von Wolfgang Winterbauer dienen:

Beispiel:

Zum Palaver saßen am Abend die Männer unter der weitausladenden Krone des Baobab.

Der Elefant, sagte der Elfenbeinschnitzer, ist das wertvollste Tier von allen. Was für Kostbarkeiten lassen sich nicht aus seinen Stoßzähnen fertigen.

Ihr Bauplan für Ihre Rede

> Recht sprichst du, erwiderte der Metzger. Wahrhaft kostbar ist der Elefant. Indessen ist sein eigentlicher Wert das Fleisch. Wie viele Menschen vermag ein einziger Elefant zu ernähren.
>
> Nichts, gar nichts wisst ihr vom Elefanten, erwiderte der Pflanzer. Er zertrampelt die Felder, verwüstet die Plantagen. Er mästet sich von der Frucht meiner Arbeit. Nichts ist er wert, der Elefant, man muss ihn töten.
>
> Das werde ich schon zu verhindern wissen, entgegnete der Wildhüter. Was wäre die Savanne ohne den Elefanten. Und ohne mich, der ihn schützt?
>
> Der Wilderer sagte kein einziges Wort. Aber der dachte: Fast alle haben sie recht. Denn wertvoll ist der Elefant. Und man muss ihn töten. Alles Grün frisst er ab. Gefährlich aber und dumm ist der Wildhüter. Warum will er den Elefanten schützen?
>
> Der Herbergsbesitzer erklärte: Wir brauchen den Elefanten. Er bringt die Fremden ins Land. Sie kommen, um ihn zu sehen. Und die Fremden bringen das Geld.
>
> Zuletzt sprach ein alter Pfarrer: Ein Geschöpf Gottes ist der Elefant. Genau wie wir. Wir müssen ihn achten. Unrecht ist es, ihn aus Jagdlust oder Habgier zu töten.
>
> Dies und noch vieles andere sagten die Männer.
>
> Was ist nun die Wahrheit über Elefanten?

Hiernach wundert uns nicht, dass relative Beweise häufig der Grund für langatmige Auseinandersetzungen sind. Prüfen Sie bitte, ob sich zur Verstärkung Ihrer Argumente Einwandvorwegnahmen, Zitate, Sprichwörter, Beispiele, Gleichnisse und Anekdoten wirkungsvoll einbauen lassen.

Einwandvorwegnahmen

Selbst gegen Ihre besten relativen Argumente lassen sich Gegenargumente finden. Überlegen Sie vor Ihrer Rede, ob es nicht taktisch sinnvoll ist, von der Gegenseite zu erwartende wichtige Einwände bereits

Hauptteil

in Ihrem Vortrag vorwegzunehmen, also selber auf sie zu sprechen zu kommen und sie zu widerlegen:

- Hier wird gelegentlich der Einwand gebracht ... aber ...
- Es gibt Leute, die behaupten ... jedoch ...
- Zwar wird sich mancher denken ... Sind diese Zweifel begründet, wenn wir bedenken ...?
- Ich höre schon, wie einige meinen ... Dem halte ich aber mit Nachdruck und Entschiedenheit entgegen ...
- An dieser Stelle wäre auch denkbar, dass man ... Jedoch ist dann zu fragen ...

Einwandvorwegnahmen gezielt einsetzen

- Sie steigern Neugier und Spannung auf Seiten der Zuhörer.
- Sie vermitteln den Eindruck, das Problem nicht nur von einer Seite beleuchtet, sondern aus mehreren Blickwinkeln untersucht zu haben.
- Sie verstärken die Beweiskraft eigener Aussagen.
- Sie können, zumindest für einige Sekunden, Ihrer Rede die Form eines Streitgesprächs geben und damit zur Dramatisierung beitragen.
- Sie können eine eventuell folgende gegnerische Position schwächen (ein Kontrahent wird nach Ihrer gut gebrachten Einwandvorwegnahme kaum mehr seine eigene Darstellung dieses Punktes mit Aussicht auf Erfolg bringen können).
- Sie können potenziellen Zwischenrufern den Wind aus den Segeln nehmen.

Praxis-Tipp:

Mit der Vorwegnahme und Widerlegung gegnerischer Darstellungen verbuchen sie einen taktischen Vorteil: Sie entkräften bestimmte Einwände des Andersdenkenden zu einem Ihnen passend erscheinenden Zeitpunkt.

Ihr Bauplan für Ihre Rede

Würden Sie Ihrem Widersacher die Darstellung von Gegenargumenten in einem folgenden Redebeitrag überlassen, hätten Sie im Normalfall kaum mehr die Möglichkeit, diese im Raum stehende Meinung zu Fall zu bringen. Bei gleichgutem Vortragsstil käme Ihr Kontrahent vermutlich zum Erfolg, weil er das häufig entscheidende „letzte Wort" hätte.

Zitate

Als Redner fahnden Sie nach wenig abgegriffenen Zitaten und bauen diese eher sparsam in Ihre Ausführungen ein.

Zu häufiges Zitieren kann als Zeichen dafür interpretiert werden, dass Sie sich Ihrer Sache nicht sicher wären. Auch verbirgt sich dahinter gelegentlich ein eitler Mensch, der seinen Zuhörern beweisen will, was er weiß. Zudem besteht die Gefahr, dass sich bei häufigem Zitieren Langeweile auszubreiten beginnt.

Dennoch: Zitate sind sinnvoll

Verwenden Sie Zitate zur Verstärkung eigener Überlegungen, so bekommen Ihre Behauptungen ein ganz anderes Gewicht. Eine mit einem passenden Zitat untermauerte Information wirkt glaubwürdiger, denn sie blockiert das kritische Bewusstsein des Zuhörers und wird weitgehend widerstandslos akzeptiert. Wer wird sich schon mit Goethe, Schopenhauer oder Buddha anlegen? Mit dem Zitat suggerieren wir dem Zuhörer, dass er die von einer bekannten oder anerkannten Persönlichkeit gewogene und für gut befundene Aussage nicht nochmals zu untersuchen braucht.

Zitieren Sie kompetente Institutionen, flößen deren Erkenntnisse zusätzlich Achtung ein („Die fünf Wirtschaftsweisen erklärten in ihrem letzten Jahreswirtschaftsbericht …"). Selbst skeptische Zuhörer lassen das Wort namhafter Experten oder Stellen eher gelten als unsere eigenen, gut durchdachten Argumente.

Manche Zitate sagen mehr aus als komplizierte oder langatmige Erklärungen. Sie würzen Ihre Rede und lockern Ihre Aussagen auf. Um diese Pluspunkte nicht zu verspielen, geben Sie verständlichen Zitaten den Vorzug vor fremdsprachlichen Aussagen, die nur wenige Zuhörer

Hauptteil

verstehen: Von manchen Akademikern immer wieder zitierte lateinische Sätze erzeugen bei „gewöhnlichen Sterblichen" eher Frustrationen als ein verzücktes Lauschen.

Praxis-Tipp:
Wollen wir unsere Meinung durch wirkungsvolle Zitate verstärken, müssen sie drei Forderungen erfüllen:
1. Das Zitat muss stimmen.
2. Das Zitat darf nicht aus dem Zusammenhang gerissen werden (beliebte, aber unfaire Methode in Parlamenten, den politischen Gegner durch einzelne, zusammenhanglos herausgegriffene Zitate aus früheren Reden unglaubwürdig zu machen).
3. Die zu zitierende Autorität muss für den jeweiligen Sachverhalt kompetent sein (Picasso kann für Kunstfragen herangezogen werden, nicht aber Einstein).

Sprichwörter

„Sprichwörter sind der Schmuck der Rede", heißt es im persischen Volksmund. Ist das zu bejahen oder bewegen wir uns mit Sprichwörtern in einer Rede möglicherweise auf schwankendem Boden?

Sprichwörter haben eine merkwürdige Macht. Da sie seit Jahrhunderten nahezu automatisch von zahllosen Menschen als Lebensregeln und -weisheiten vorgetragen werden, akzeptieren sie viele Zuhörer ungeprüft und unkritisch. Sprichwörter sind Gemeinplätze, die vorrangig Gefühle ansprechen und dazu verleiten, eine Aussage als feststehende und unumstößliche Lebensweisheit zu betrachten. Sie können Glück haben, dass ein in den richtigen Zusammenhang gebrachtes und zur passenden Zeit eingeflochtenes Sprichwort Ihrer Rede zu Erfolg verhilft.

Was geschieht aber, wenn Ihnen sofort nach Verkündung des von Ihnen als wirkungsvoll eingestuften Sprichwortes aus der Zuhörerschaft ein Gegensprichwort entgegenschallt?

Ihr Bauplan für Ihre Rede

Sie sagen:	Ein Zuhörer ruft:
Wer nicht wagt, der nicht gewinnt.	Erst wäg's, dann wag's.
Viele Köche verderben den Brei.	Viele Hände machen der Arbeit schnell ein Ende.
Gegensätze ziehen sich an.	Gleich zu gleich gesellt sich gern.
Einigkeit macht stark.	Der Starke ist am mächtigsten allein.
Große Ereignisse werfen ihre Schatten voraus.	Unverhofft kommt oft.
Die Letzten werden die Ersten sein.	Wer zu spät kommt, den bestraft das Leben.
Wer warten kann, hat viel getan.	Wer rastet, der rostet.
Reden ist Silber, Schweigen ist Gold.	Wer stets schweiget und nie spricht, weiß man so, was ihm gebricht?

Selbst unkritischen Zuhörern fällt durch den krassen Widerspruch die Fragwürdigkeit des dargebotenen Sprichworts auf – die beabsichtigte Wirkung lässt sich nicht mehr erzielen.

Sie können in Verlegenheit geraten, wenn ein von Ihnen eingeblendeter traditioneller Ausspruch von einem Zuhörer per Wortspiel gekontert wird:

Sie sagen:	Ein Zuhörer ruft:
Wissen ist Macht.	Nichts wissen macht auch nichts.
Es gibt viel zu tun, packen wir's an.	Es gibt viel zu tun, warten wir's ab.
Gut Ding will Weile haben.	Gut Kind will Keile haben.
Was lange währt, wird endlich gut.	Was lange gärt, wird endlich Wut.
Hunger ist der beste Koch.	Hummer isst der beste Koch.
Morgenstund' hat Gold im Mund.	Wer lange schläft, bleibt auch gesund.

Praxis-Tipp:

Der Einsatz von Sprichwörtern kann zweischneidig sein. Verzichten Sie deshalb besser auf Sprichwörter. Denn wer sich in Gefahr begibt, kommt darin um – oder ist „Frisch gewagt ist halb gewonnen" nicht doch besser?

Beispiele

Sie unterstützen Ihre Argumente und „relativen" Beweise anhand von Beispielen mit hoher Beweiskraft. Schildern Sie einen Sachverhalt lediglich abstrakt, so bleibt Ihre Aussage farblos. Ein nachfolgendes Beispiel – also ein konkreter Fall – illustriert Ihre Aussage, macht sie plastisch, wirkt oft hautnah und steigert die Überzeugungskraft.

Praxis-Tipp:

Wichtig ist, wirklich geeignete Beispiele zu finden. Im Zweifelsfall ist es besser, kein Beispiel zu bringen, als ein schlechtes oder untaugliches.

Besonders empfehlenswert sind Beispiele, die dem Erfahrungsbereich und dem Lebenskreis der Zuhörer entnommen sind. Auch müssen sie sich auf den von Ihnen geschilderten Aspekt übertragen lassen, so dass sich sofort ein „Aha-" und damit der gewünschte Nickeffekt (siehe Seite 7) einstellt.

Ein weiterer positiver Gesichtspunkt spricht für anschauliche und lebensnahe Beispiele: Auch dem ungeübten Redner gelingt es regelmäßig, ein Beispiel in mehreren Sätzen, losgelöst vom systematischen Stichwortzettel, fließend darzustellen.

Ihr Bauplan für Ihre Rede

Gleichnisse

Während Beispiele konkrete Sachverhalte darstellen nach dem Motto „Hier, bitte, schau dir an, da hat es bereits funktioniert ...", werden Probleme und Sachverhalte mittels bildhafter, plastischer und verständlicher Gleichnisse in eine andere Umwelt übertragen. Das Gleichnis erzeugt bei den Zuhörern ein Bild, welches sie gefangen nimmt und einen neuen Denkansatz ermöglicht.

> **Praxis-Tipp:**
> Es kann nicht oft genug darauf hingewiesen werden, dass interessante Gleichnisse durch ihre gefühlsbetonte Wirkung Ihre Überzeugungskraft wesentlich steigern.

Beispiele:

1. Werner Remmers, früherer Kultusminister im Land Niedersachsen, meinte: „Wir müssen die Bildungspolitik in Ruhe wie eine Pflanze wachsen lassen. Wir dürfen sie nicht alle vierzehn Tage ausbuddeln, um zu sehen, welche Wurzeln sie geschlagen hat."

2. Winston Churchill wurde einmal gefragt, was er vom Unternehmer halte. Seine Antwort: „Es gibt Leute, die halten den Unternehmer für einen räudigen Wolf, den man totschlagen müsste. Andere meinen, der Unternehmer sei eine Kuh, die man ununterbrochen melken müsse. Nur wenige sehen in ihm ein Pferd, das den Karren zieht."

3. Ein Historiker erklärt: „Stellen Sie sich bitte die Erdgeschichte in ein Jahr gepresst vor. Dann erscheint der Dinosaurier erst am 24.12. auf der Bildfläche, um am 28.12. wieder von ihr zu verschwinden. Der Mensch taucht erst am 31.12. nach 21 Uhr auf und widmet sich erst ab einer Minute vor Mitternacht dem Ackerbau."

Sicherlich könnten wir den Sinngehalt auch in kurze Sätze kleiden und damit das Wesentliche sagen, doch Gleichnisse erzielen häufig grö-

Hauptteil

ßere Wirkung. Machen wir die Probe aufs Exempel und formulieren wir die vorausgehenden Beispiele um:

Zu Beispiel 1: Bildungspolitik muss längerfristig angelegt werden, um Erfolge zu erzielen.

Zu Beispiel 2: Die Wertschätzung des Unternehmers ist in der Bevölkerung unterschiedlich.

Zu Beispiel 3: Im Verhältnis zur Erdgeschichte tritt der Mensch erst sehr spät in Erscheinung.

Sie merken an unseren „Übersetzungen", dass ihnen Saft und Kraft fehlen – dass die Gleichnisse an Einprägsamkeit und Wirkung haushoch überlegen sind. Wählen wir bildhafte und verständliche Gleichnisse aus Alltagssituationen aus und stellen wir diese überzeugend vor, wecken wir regelmäßig die Vorstellungskraft und das Interesse der Zuhörer und bewegen sie dazu, unseren Gedanken zu folgen.

Anekdoten

Langweilten Sie sich schon bei Reden, in denen es vor Zahlen, Tabellen, Statistiken und Fakten nur so wimmelte, während die Gefühle, Probleme, Erlebnisse, Erfahrungen, Hoffnungen und Enttäuschungen des Redners ausgeklammert blieben? Ein nur den Verstand der Zuhörer ansprechender Vortrag wird schnell zu schwer verdaulicher Kost! Ist nicht die Rede eine Wohltat, in der durch eingeflochtene Anekdoten, Erzählungen, Metaphern und sogar kurze Märchen („Storytelling") Abwechslung und Anschaulichkeit geboten werden? Persönliche Fürwörter und direkte Rede machen Ihre Aussagen direkter, lebendiger, unmittelbarer.

Klammern Sie persönliche Erlebnisse und passende Anekdoten nicht aus, als wären es zu verbergende Fehltritte. Im Gegenteil. Suchen Sie nach wirkungsvollen Storys (die nicht unbedingt wahr sein müssen!), die Licht, Schatten, Bewegung und Farbe – alles in allem: pulsierendes Leben – in Ihre Aussagen bringen.

Ihr Bauplan für Ihre Rede

> **Praxis-Tipp:**
> Anekdoten sind das Salz in der Suppe, sie bereichern und beleben Ihre Rede! Doch achten Sie auf ein ausgewogenes Verhältnis Ihrer Anekdoten zu dem gesamten Vortrag. Tun Sie zu viel des Guten, wird Ihnen schnell das Etikett „Märchenonkel"/„Märchentante" angeheftet.

4. Schluss

Unter den Rhetoriklehrern des antiken Griechenland herrschte Übereinstimmung, dass dem Redeschluss besondere Aufmerksamkeit zu widmen sei. Bereits damals hatte man bemerkt, dass ein missratener Redeschluss die beste Rede verderben, ein gelungener Abschluss aber so manche schwache Rede aus dem Feuer reißen kann. Und diese Erkenntnis ist auch heute unbestritten. Worin liegt die Bedeutung der letzten Redesätze?

Der Redeschluss bleibt in der Erinnerung der Zuhörer am längsten und intensivsten haften, weil er nicht mehr von weiteren Informationen überdeckt wird. Die letzten Aussagen sollen die Anwesenden zu weiterem Denken in der empfohlenen Richtung veranlassen oder die gewünschte Zuhörerreaktion sofort auslösen. Bringen Sie mit Ihrem Schluss eine Saite im Innern Ihrer Zuhörer zum Klingen, erzeugen Sie zugleich den Nickeffekt: „Genau richtig, er hat mir aus der Seele gesprochen. Nur so muss es sein!"

Da Sie mit Ihren Aussagen immer etwas bewirken wollen, ist es nur folgerichtig, Ihr besonderes Augenmerk auf den letzten Redeteil zu richten. Sie müssen einen einprägsamen und überzeugenden Schluss formulieren.

Damit Sie Ihre Rede gelungen abschließen:

- Formulieren Sie Ihre letzten Redesätze wohlüberlegt.
- Arbeiten Sie diese mehrfach durch und feilen Sie sie bis aufs i-Tüpfelchen aus.

Schluss

- Überprüfen Sie Ihre Formulierungen sorgfältig auf ihre Wirksamkeit.

- Halten Sie Ihren Redeschluss Wort für Wort schriftlich fest (dies ist auch der Grund, weshalb auf dem systematischen Stichwortzettel für den Schluss viel Platz vorgesehen ist – siehe Seite 38).

- Üben Sie so lange, bis der Schluss wirklich „sitzt" (bevor Sie unverzeihliche Fehler machen, lernen Sie die Schlusssätze ausnahmsweise auswendig).

- Sie setzen den Redeschluss vom Hauptteil ab, indem Sie ankündigen:

  „Ich komme jetzt zum Schluss meiner Ausführungen …"

  „Ich fasse zusammen …"

  „Mein Vortrag erlaubt folgende Schlussfolgerungen …"

Ohne eine dieser Aufmerksamkeit weckenden Formulierungen könnten manche Zuhörer unvermittelt vom Redeende überrascht werden. Neben dem Unbehagen über den abrupten Schluss hätten diese Anwesenden „der langen Rede kurzer Sinn" nicht mitbekommen. Ihre Rede wäre verpufft.

Die notwendige Überleitung ist mit einem Schlussstrich vergleichbar, den Sie unter eine Zahlenkolonne setzen, um die Summe zu ziehen. Mit der Ankündigung des bevorstehenden Vortragsendes lenken Sie für wenige Augenblicke die höchste Aufmerksamkeit Ihrer Zuhörer auf sich. Der möglicherweise gedanklich hinweggeschweifte und durch Ihre Überleitung wieder aktivierte Zuhörer nimmt sich vor: „Schnell noch einige Momente hinhören, damit ich das Wesentliche in komprimierter Form mitbekomme", während der aufmerksame Zuhörer denkt: „Gut, den Schluss höre ich mir noch an. Auf diese wenigen Sätze werde ich mich noch konzentrieren."

Dem angekündigten Schluss sollte dieser folgen. Die beiden soeben zitierten Zuhörer erwarten ein baldiges Redeende! Schädlich wäre: Der Redner denkt nicht daran, seinen Hinweis auf baldigen Redeschluss zu beherzigen, sondern steigt erneut in seine Argumentation

Ihr Bauplan für Ihre Rede

ein, fügt möglicherweise einige ihm gerade in den Sinn gekommene Gedanken hinzu, läuft noch mehrere Ehrenrunden, begibt sich vielleicht auch noch auf thematische Seiten- und Umwege.

Wen wundert es da, wenn bei einem „Gummi"- oder „Nudelteigschluss" (die Aussagen wurden in mehreren Arbeitsgängen breitgewalzt) selbst Parteigänger des Redners unruhig werden, aufstöhnen und schließlich fluchtartig den Saal verlassen? Ergebnis: Anschließend beschäftigt sich niemand mehr mit den guten Argumenten im Hauptteil des buchstäblich „zerredeten" Vortrags, sondern trauert nur noch der verlorenen Zeit nach.

Praxis-Tipp:

Bringen Sie Ihren Vortrag mit wenigen Schlusssätzen auf einen klaren und knappen Nenner.

- Fassen Sie Ihren Vortrag zusammen:
  In geraffter Form stellen Sie die wesentlichen Argumente dar.

- Richten Sie einen Appell an die Zuhörer:
  Da für die Zuhörer nichts verschwommen und vage bleiben darf, sagen Sie deutlich und unmissverständlich, was zu geschehen hat, was die Zuhörer tun sollen, wie vorzugehen ist. Fehlt diese Aufforderung, fühlen sich nicht alle Zuhörer direkt angesprochen und aufgefordert, Aktivitäten zu entwickeln.

- Geben Sie einen positiven Ausblick:
  Ermutigen Sie Ihr Publikum, geben Sie ihm Hoffnung, zeigen Sie Optimismus – verbreiten Sie aber niemals eine Weltuntergangsstimmung.

Natürlich können Sie den Schluss – genau wie die Einleitung – mit einem mitreißenden Zitat versehen oder ihn provozierend, humorvoll, fragend gestalten.

Während der erste Eindruck für das Gelingen eines Vortrags entscheidend sein kann, wirkt der letzte Eindruck des Redners auf sein Publikum noch lange nach.

Wichtig: Beenden Sie Ihre Rede keinesfalls mit einer Floskel:

- „Ich danke Ihnen, dass Sie mir so lange Ihr Ohr geschenkt haben …"
- „Das war's, was ich Ihnen sagen wollte."
- „Ich hoffe, mit meinen Ausführungen dazu beigetragen zu haben …"
- „Damit bin ich nun wirklich am Ende und schließe mit dem Wunsch …"
- „Dass Sie bis zum Ende meiner Rede ausgeharrt haben, macht mich sehr froh, denn dies beweist …"
- „Ich danke Ihnen für das gezeigte Interesse und wünsche …"
- „Besonders bedanke ich mich zum Schluss für Ihre freundliche Aufmerksamkeit und Ihr geduldiges Zuhören …"

Statt dieser nichtssagenden Leer- und Verlegenheitsfloskeln bringen Sie klar und deutlich Ihren markanten Schluss. Geübte Redner bemühen sich hier um einen eindringlichen, ja beschwörenden Tonfall, der die Zuhörer noch einige Momente schweigend verharren lässt. Ihre anschließende leichte Verbeugung signalisiert Ihrem Publikum das Ende der Rede. Bei einem guten Vortrag haben nun die Zuhörer mit ihrem Schlussapplaus zu danken. Diesen kosten Sie nicht bis zum letzten Klatschen aus, sondern verlassen noch während des Beifalls Ihren Standort. Ein rechtzeitiger Abgang wirkt sehr viel erfolgreicher.

Fazit: Der erste Eindruck beim Redebeginn ist oft entscheidend, der letzte Eindruck des Redeschlusses wirkt noch lange nach!

5. Standpunktformel

Wollen Sie keine lange Rede halten, sondern kurz und präzise Ihre Meinung darlegen? Mit der Standpunktformel verfügen Sie über ein einfaches Gliederungsschema.

Takt 1: Standpunkt

Ja/Nein = Ihre Meinung

Indem Sie sogleich sagen, ob Sie die Pro- oder Contra-Seite vertreten, ziehen Sie die Aufmerksamkeit aller Zuhörer für die kommenden Aus-

Ihr Bauplan für Ihre Rede

sagen auf sich. Ihre Sympathisanten freuen sich, die eigene Meinung von Ihnen bestätigt zu erhalten und hören zu, während Andersdenkende erst recht ihre Ohren spitzen werden, um Ihnen später Paroli bieten zu können.

Takt 2: Begründung

Bringen Sie nur die wichtigsten Argumente.

Takt 3: Beispiele

Beispiele dienen als Belege und Illustrationen für Ihre Argumente (siehe Seite 55).

Takt 4: Schlussfolgerung

Sie fassen Ihre Argumente zusammen und ziehen die Konsequenzen daraus.

Takt 5: Aufforderung

Die Zuhörer sollen in Ihrem Sinne urteilen und handeln. Ihre Aktionsanstöße müssen klare Aussagen enthalten, so dass die Zuhörer zweifelsfrei die „Marschrichtung" erkennen. Fordern Sie sie beispielsweise auf

- in eine Diskussion einzutreten
- wie von Ihnen empfohlen zu wählen
- eine Entscheidung zu treffen
- ein Produkt zu erwerben

Sie sollten das Formulieren Ihrer Auffassung nach der Standpunktformel üben. Folgende Themenvorschläge könnten Sie sowohl aus der Pro- als auch Contra-Position bearbeiten:

- Autofreie Innenstadt?
- Mautgebühr für PKW?
- Wehrpflicht?
- Dosenpfand?
- Klassenloses Krankenhaus?
- Praxisgebühr?
- Rauchen im Betrieb?
- Formel-1-Rennen?

Reden zu verschiedenen Anlässen

4

1. Die Rede nach dem Manuskript . . . 64

2. Stegreif- und Gesellschaftsreden . . 67

Reden zu verschiedenen Anlässen

1. Die Rede nach dem Manuskript

Viele Menschen ziehen die Rede nach dem Manuskript der Stegreifrede oder der Rede nach einem Stichwortzettel vor. Der frühere BDI-Chef Hans-Olaf Henkel kommentierte die Fähigkeit von Führungskräften der Wirtschaft, eine freie Rede zu halten, sarkastisch: „Der typische Vorstand trennt sich eher von seiner Frau als von seinem Manuskript."

Soll nach einem Manuskript vorgetragen werden, können die Aussagen in aller Ruhe Wort für Wort und Satz für Satz überlegt und die beste Formulierung zu Papier gebracht werden. Der Vortragende wähnt sich in Sicherheit, denn es kann ja nichts passieren. Schließlich braucht nur abgelesen zu werden, und das sollte doch ohne Schwierigkeiten zu bewerkstelligen sein.

Gewiss sind Sie in der Lage, Ihre hervorragend formulierte Rede vorzulesen. Erinnern Sie sich jedoch einen Moment, was Sie mit einer Rede erreichen wollen. Richtig! Sie wollen Ihre Zuhörer beeinflussen und überzeugen.

Das gelingt Ihnen nicht, wenn Sie unentwegt mit Ihren Augen an Ihrem Papier kleben und das Ganze wie ein beliebiges Schriftstück abspulen! Dann nämlich ist mit der nachfolgend beschriebenen „Kettenreaktion" zu rechnen:

a) Mit gesenktem Kopf produziert sich der Redner als Ableser. Vermutlich hebt er nur selten den Kopf, aus Angst, die Zeile zu verlieren.

b) Neben dem ungenügenden Blickkontakt fehlen auch Gestik und Mimik. Selbst wenn das Gesicht des Redners den passenden mimischen Ausdruck zeigt, kann ihn die Zuhörerschaft nicht erkennen. Sie muss sich mit dem gut sichtbaren Scheitel des Redners begnügen, während sich der Vortragende mit intensivem Blickkontakt mit seinem Manuskript unterhält.

c) Die Schallwellen, die bei Blickkontakt zu den Zuhörern immer die beste Richtung haben, brechen sich am Rednerpult. So wird es vor allem für die weiter entfernt sitzenden Zuhörer schwerer, die Aussagen des Redners akustisch wahrzunehmen.

d) Ablesen verführt zu monotonem Sprechen. Der eintönige Klang der Rednerstimme erzeugt Langeweile und beginnt, die

Die Rede nach dem Manuskript

Zuhörer einzuschläfern. Da vom Redner kein Funke auf das Publikum überspringt, schalten viele Zuhörer schon bald ab. Wohlmeinende Zuhörer geben sich noch große Mühe, der Vorlesung zu folgen. Doch auch sie geben nach einiger Zeit auf.

e) Der Redner hat sich durch sein Verhalten dazu verurteilt, sich seine Rede selbst vorzulesen. Er spürt die fehlende Resonanz – vor ihm sitzt ja auch kein mitgehendes Publikum, sondern eine amorphe Masse. Die Rede wird für ihn zur Qual. Dennoch muss er bis zum bitteren Ende durchhalten.

f) Sollte nach dem Vorlesen Beifall zu hören sein, honorieren die Anwesenden damit nicht die rednerische Leistung. Vielmehr kann das Klatschen als Ausdruck der Erleichterung gewertet werden, diese schlimme Phase endlich überstanden zu haben.

Hand aufs Herz: Erlebten Sie als Zuhörer nicht auch ähnliche Situationen? Falls nicht, so haben Sie sicherlich schon Fernsehübertragungen aus dem Deutschen Bundestag oder den Parlamenten der Bundesländer gesehen, in denen Volksvertreter in einem faden Ritual ihre schriftlich (zum Teil von Ghostwritern) abgefassten Reden vor gelangweilten zeitungslesenden Zuhörern „abspulen".

Die „spezielle" Vorlesetechnik

Immer wieder sollten Sie die Herausforderung annehmen, eine freie Rede nach einem systematischen Stichwortzettel zu halten. Allerdings gibt es Situationen, in denen Sie nicht umhin kommen, sich als Ableser zu betätigen. Hier sei an schwierige fachliche/wissenschaftliche Referate, an Protokolle und an Jahresberichte erinnert.

Hilfreich dabei ist eine spezielle Vorlesetechnik, mit der Sie aus Ihrem Wortmanuskript im Anschluss an eine auch hier erforderliche Vorpause (siehe Seite 19 f.) in folgendem Rhythmus vortragen:

1. Blick senken und Information aufnehmen (nicht einzelne Wörter lesen, sondern Wortblock aufnehmen).
2. Blick heben und Blickkontakt zum Publikum aufnehmen.
3. Mit Blickkontakt den aufgenommenen Text sprechen und dabei passende Gestik und Mimik einsetzen.

Reden zu verschiedenen Anlässen

4. Nach wichtigen Aussagen und Satzschlüssen einen Moment Blickkontakt halten (= Nachwirkpause – siehe Seite 103).
5. Den nächsten Wortblock kurz anschauen, bevor Sie das letzte Wort gesprochen haben, den Blickkontakt wieder herstellen und mit dem nächsten Gedanken fortfahren.

Die Schritte 3.–5. stetig wiederholen.

Wichtig: Die beschriebene Vorlesetechnik gelingt nur, wenn Sie Ihr Manuskript sauber und übersichtlich abgefasst haben. Einige Merkpunkte sollen Ihnen bei der Blatteinteilung und Textgestaltung helfen:

- Verwenden Sie DIN-A4-Blätter (dieses Format lässt mehr Informationen auf einer Seite zu als das von manchen Rhetorik-Trainern vorgezogene DIN-A5-Format).
- Bei längeren Vorlesungen verwenden Sie besser hellgelbes Papier, das im Gegensatz zu weißem Papier Ihre Augen nicht so schnell ermüdet.
- Nummerieren Sie stets Ihre Blätter.
- Beschriften Sie die Blätter nur einseitig, um die einzelnen Blätter nicht wenden zu müssen. Auf diese Weise können Sie die verlesenen Seiten für die Zuhörer nahezu unbemerkt zur Seite schieben. Dies ist auch der Grund, Ihre Blätter keinesfalls zusammenzuheften.
- An der rechten Seite lassen Sie einen breiten Rand für Ihre „Regieanweisungen" (z. B. Hinweise auf Folien, Stichpunkte zum Vorredner, Begebenheiten).
- Streichungen, Verweise und Zusätze machen Ihr Manuskript unübersichtlich.
- Die Schrift sollte so groß sein, dass Sie auch bei einer Entfernung von mindestens 50 cm den Text gut lesen können. Bei großgewachsenen Rednern muss die Schrift entsprechend größer ausfallen.
- Heben Sie mit dem Textmarker besonders wichtige Wörter und Sätze hervor.
- Schreiben Sie Ihren Text nicht fortlaufend. Günstiger sind mehrere, dem Sinn nach zusammengehörige Wörter zu einem Wortblock zusammenzufügen. Jeder Wortblock muss so kurz sein, dass Sie ihn mit einem Blick erfassen können.

- Führen Sie einen Wortblock oder einen Satz nie auf der nächsten Seite fort.

Beherzigen Sie vorstehende Empfehlungen, werden die Zuhörer Ihr Ablesen vom Manuskript kaum erkennen. Wirkt als Lohn Ihrer Mühen Ihre vorgelesene Rede beinahe so lebendig wie eine freie Rede, haben Sie ein meisterhaftes Niveau erreicht.

2. Stegreif- und Gesellschaftsreden

Stegreifreden

Der Begriff „Stegreif" entstammt dem Mittelhochdeutschen und bezeichnet den Steigbügel am Sattel eines Pferdes. Aus dem Stegreif reden bedeutet: Aus dem Augenblick heraus, ohne lange Vorbereitung reden in der Art eines Reiters, der etwas ohne abzusteigen unternimmt.

Weil bei einer Stegreifrede aus der jeweiligen Situation heraus das Wort ergriffen wird, meiden viele Menschen diesen Vortrag „ohne Papier". Dabei sind für jeden von uns Stegreifreden überhaupt nichts Ungewöhnliches. Tatsächlich halten wir häufig „frisch von der Leber weg" kleine unvorbereitete Reden, ohne uns dessen bewusst zu sein. Wenn Sie als Verkäufer ein Produkt mit den wesentlichen Verkaufsargumenten anpreisen oder als Elternteil Ihrem Kind einen Vortrag halten, dass für das Leben und nicht für die Schule gelernt werden soll, so sind das Stegreifreden.

Um nun in der Öffentlichkeit spontan sprechen zu können, brauchen wir das tagtäglich in Gesprächen Praktizierte durch Übungen nur auszubauen. Nach kurzer Zeit werden Sie Routine und Sicherheit erwerben, Ihre Schlagfertigkeit und Wortgewandtheit verbessern und die Scheu vor Stegreifreden verlieren.

Beherzigen Sie bei Stegreifreden einige Empfehlungen:

- Bemühen Sie sich stets, einen passenden Gesichtspunkt zum „Einstieg" zur Verfügung zu haben. Das bedeutet, in Gesprächsrunden, Besprechungen, Diskussionen und Versammlungen immer hellwach zu sein.

Reden zu verschiedenen Anlässen

- Falls Sie im Moment noch keine Sachaussage machen können, versuchen Sie, Zeit zu gewinnen:
  - Sprechen Sie zunächst alle Anwesenden oder einen der Zuhörer an.
  - Nutzen Sie die Technik der Wiederholung („Sie fragen mich zu Recht, weshalb …").
  - Sprechen Sie über den Anlass.
  - Nennen Sie eigene Vorstellungen vom Ziel des Zusammenseins.
  - Beginnen Sie möglichst mit einem Beispiel, einer Anekdote.

  Hieraus leiten Sie anschließend Einsichten oder Wünsche ab. Konnten Sie die ersten Sekunden elegant und selbstsicher überbrücken, werden Ihnen zur Fortsetzung die passenden Gedanken einfallen. So wie der Appetit beim Essen kommt, fliegen Ihnen Argumente und Hinweise beim Sprechen zu.

- Da die Gefahr besteht, ins „Schwafeln" zu kommen und sich im Labyrinth eigener Gedanken zu verirren, üben Sie sich in einer disziplinierten Abfolge Ihrer Aussagen. Bei zu erörternden Problemen gliedern Sie Ihren Redebeitrag:
  - Was ist die momentane Sachlage?
  - Was wäre aus meiner Sicht ideal?
  - Was können wir dafür tun?

  oder:
  - Was spricht dagegen?
  - Was spricht dafür?
  - Was können wir dafür tun?

Übungen für mehr Routine

Erziehen Sie sich zur Konzentration und steigern Sie Ihr Vertrauen in die eigenen Fähigkeiten:

1. Lassen Sie sich einen Text – z. B. aus der Tageszeitung – vorlesen. Fassen Sie anschließend das Gehörte mündlich zusammen.

2. In einer lockeren Gesprächsrunde beginnt ein Teilnehmer einen beliebigen Satz, der vom Nachbarn aufgegriffen und sinnvoll zu Ende gesprochen wird.

3. Vervollständigen Sie die nachfolgenden Sätze mit eigenen Gedanken, so dass dabei eine kleine Geschichte bzw. ein interessanter Vortrag herauskommt:

Stegreif- und Gesellschaftsreden

- In meinem nächsten Urlaub werde ich …
- Es fällt mir sehr schwer, einem Familienangehörigen …
- Jeder Leser dieses Buches sollte …
- Ohne das Internet bin ich nur ein halber Mensch …
- Aller Anfang ist schwer, deshalb nehme ich mir vor …
- Als Kraftfahrer denken Sie daran …
- Meine Zeit ist mir sehr kostbar …
- Am Fernsehen schätze ich besonders …

4. Lassen Sie sich im Verwandten- oder Bekanntenkreis drei Hauptwörter sagen. Formen Sie nun eine Rede, in der die drei Wörter enthalten sind.

    Diese Übung kann zu einem amüsanten Gesellschaftsspiel ausgebaut werden: Jeder Teilnehmer notiert drei Begriffe auf einem Zettel, der mit einer Nummer versehen verdeckt auf den Tisch gelegt wird. Die auf dem ausgelosten Zettel stehenden Begriffe werden zu einer humorvollen, originellen Kurzgeschichte verarbeitet. Danach trägt der Schreiber der drei Wörter seine Version vor. Anschließend wird abgestimmt, wer die Zuhörer stärker in seinen Bann gezogen hat.

5. In gutgelaunter Runde lassen sich Nonsens-Reden halten. Auch hier werden mit Themen versehene Zettel ausgelost.
    Mögliche Redethemen:
    - Jede Familie sollte ab 20 Uhr Haschisch nehmen.
    - Künftig gibt es das ganze Jahr über Maikäfer.
    - Papiergeld wird eingezogen und durch Glaskugeln ersetzt.
    - In der Tagesschau werden Nachrichten künftig gesungen.
    - Betten werden verboten und durch Hängematten ersetzt.
    - Nach fünfjähriger Kinderlosigkeit greift der Staat ein.
    - Im Rahmen der Gleichberechtigung werden bei Männern die Hosen durch Röcke ersetzt.

6. In dieser Übung sollten Sie zur Belebung Ihrer Aussagen Gestik und Mimik besonders ausdrucksstark einsetzen:
    Wie fühle ich mich als …
    - Mückenstich
    - Gipsverband am rechten Bein
    - Autoreifen

Reden zu verschiedenen Anlässen

- Storch
- Aktenschrank in einer Behörde
- Maulwurf
- Achtundachtzigjähriger
- Orkan
- Rosenknospe

7. Versuchen Sie sich als Verkäufer. In zwei bis drei Minuten nehmen Sie Stellung zu den Themen:
So verkaufe ich ...
    - einem Sizilianer einen Winterurlaub an der Nordsee
    - die Idee der Eheschließung
    - den Entschluss, das Rauchen aufzugeben
    - einem Nichtschwimmer eine Taucherausrüstung
    - eine Wanderung durch den Westerwald
    - die Idee, einen Verein zu gründen
    - meiner Frau den Besuch einer früheren Freundin

Diese sieben Übungen erziehen zu konzentriertem und schlagfertigem Sprechen. Eignen Sie sich mit ihrer Hilfe die Fähigkeit an, Themen spontan aufzugreifen und darüber in überzeugender Weise zu sprechen. Neben diesen Pluspunkten machen unsere Übungen, wenn sie nicht zu ernst betrieben werden, auch Spaß.

Gesellschaftsreden

Eine besondere Variante der Stegreifrede begegnet uns in der Gesellschaftsrede.

Diese wird im Normalfall frei gehalten, weil zumeist auch ein Pult für das Ablegen des Stichwortzettels fehlt. Auch wird nicht immer rechtzeitig abgesprochen, wer zu welchem Zeitpunkt etwas sagen soll.

Wer kennt nicht die geistige Leere, die sich plötzlich im Kopf breit macht, wenn es unverhofft heißt: „Lieber Manfred, bitte sei so nett, einige Worte zur Konfirmation Deiner Patentochter zu sagen." Dem Angesprochenen vergeht der Appetit auf den Festschmaus. Seine Gedanken kreisen um die Frage: „Was sage ich nur?"

Stegreif- und Gesellschaftsreden

Überlegen wir zunächst, welchen Zweck eine Gesellschaftsrede erfüllen soll, die aus verschiedenartigen Anlässen wie Geburt, Taufe, Geburtstag, Kommunion/Konfirmation, Hochzeit, Silberhochzeit, Beförderung, Geschäfts- oder Arbeitsjubiläum, Eintritt eines Mitarbeiters in den Ruhestand, Verabschiedung der Mitarbeiter zum Jahresschluss erwartet wird. Sollen überzeugende Argumente dargeboten oder interessante Informationen sachlicher Art übermittelt werden? Doch wohl nicht!

> **Praxis-Tipp:**
>
> Bei Gesellschaftsreden können Sie auf manche Tatsachen verzichten, unter Umständen sogar wichtige Punkte weglassen – nur eines nicht: Die Ansprache an das Gefühl der Anwesenden. Zumeist soll mit der Gesellschaftsrede das Fundament errichtet werden, auf welchem sich das gemütliche Beisammensein aufbaut.

Der amerikanische Komiker Jerry Lewis äußerte einmal: „Festredner sind Leute, die im Schlaf anderer Menschen sprechen." Diese Definition trifft auf solche Redner zu, die kein Ende finden. Während das Essen kalt und die Getränke warm werden und den Anwesenden der Appetit gründlich vergeht, schwelgen sie mit Pathos in vielen belanglosen und langweiligen Einzelheiten.

Checkliste: Gesellschaftsreden gliedern
Anrede
Begrüßung
Besondere Begrüßung: - Hauptperson - Verwandte oder Freunde von auswärts - Ehrengäste
Dank für: - Erscheinen - Einladung
Zweck (Was ist der Anlass dieser Feier/Veranstaltung?)
Rückblick in die Vergangenheit (erzeugt Zusammengehörigkeitsgefühl): **Was war?**

Reden zu verschiedenen Anlässen

noch: Checkliste: Gesellschaftsreden gliedern

Gegenwart:	**Was ist?**
Ausblick in die Zukunft:	**Was wird sein?**
Schluss: ■ sich erheben ■ Gläser ergreifen ■ Trinkspruch/Hoch ausbringen	

Praxis-Tipp:

Wichtig ist die „Vergangenheit-Gegenwart-Zukunft-Regel". Mit einem Blick auf Vergangenes skizzieren Sie kurz das Leben des Gefeierten, die Entwicklung einer Firma oder schildern gemeinsame Erlebnisse und interessante Begebenheiten. Danach leiten Sie zur Gegenwart über, wobei Sie beispielsweise Energie, Engagement und Zuverlässigkeit des Jubilars ohne dick aufgetragene Lobhudelei vortragen. Es folgt ein Blick in die Zukunft mit den erhofften Aussichten und Ihren guten Wünschen.

In einer Gesellschaftsrede erwartet niemand eine schonungslose Offenlegung des Charakters der im Mittelpunkt stehenden Person. Vielmehr ist Ihnen dringend zu raten, die lobenswerten Facetten des Jubilars in den Vordergrund zu stellen, die Sie idealerweise mit der Schilderung passender Begebenheiten verdeutlichen. Schlagen Sie einen warmen, herzlichen Ton an, der das Zusammengehörigkeitsgefühl der Anwesenden stärkt. Eine Prise Humor wird Ihnen hierbei das Gelingen der Rede erleichtern und möglicherweise vorhandene Spannungen zwischen Zuhörern vermindern. Vermeiden Sie aber Witze oder Sticheleien auf Kosten anderer, eventuell sogar noch Anwesender.

Denken Sie stets daran: Sie sind aufgefordert, mit Ihrer gelungenen Gesellschaftsrede die Anwesenden in eine angemessene Stimmung zu versetzen und den Startschuss für das folgende harmonische Miteinander zu geben. Ihre Gesellschaftsrede hat dann ihren Zweck erfüllt, wenn sich die Anwesenden noch Monate später über sie lobend äußern, obwohl der genaue Inhalt schon längst vergessen wurde.

Ihre visuellen Wirkungsmöglichkeiten

5

1. Das Zusammenspiel körpersprachlicher Ausdrucksformen 74

2. Körpersprache 74

3. Haltung 76

4. Gestik 77

5. Mimik 81

6. Blickkontakt 83

Ihre visuellen Wirkungsmöglichkeiten

1. Das Zusammenspiel körpersprachlicher Ausdrucksformen

Ihre Zuhörer sollen erkennen, dass Sie sich mit Ihrem Thema indentifizieren. Sie vermitteln dies nur dann glaubwürdig, wenn Sie aktiv werden und Dynamik zeigen.

> **Praxis-Tipp:**
> Wollen Sie etwas bewegen, müssen Sie sich bewegen!

Diese Empfehlung wurde von dem Psychologen Albert Mehrabian bestätigt. Nach vielen Experimenten fand er heraus, dass die Wirkung einer Information von verschiedenen Komponenten abhängt:

55 % von Gestik und Mimik

38 % von der Sprachmelodie

7 % vom sachlichen Inhalt

Weil die Zuhörer die Richtigkeit von Sachaussagen oft nicht nachprüfen können, orientieren sie sich am Auftreten und der Erscheinung des Vortragenden, an seiner Persönlichkeit und Glaubwürdigkeit.

2. Körpersprache

Beim Turmbau zu Babel verwirrte Gott zwar die Sprachen, aber er ließ den Menschen mit Gestik und Mimik einfache, elementare, wirkungsvolle und universelle Verständigungsmöglichkeiten. Damit blieb ein Zeichenrepertoire erhalten, das in vielen Teilen entwicklungsgeschichtlich sehr viel älter als das gesprochene Wort ist.

Dass die gestischen und mimischen Informationswege auch heute noch funktionieren, bestätigen Globetrotter, die selbst entlegene Winkel des Erdballs ohne Kenntnis der dort heimischen Sprachen erkunden. Indem sie mit Händen und Füßen reden, kehren sie zur Ursprache der Menschheit zurück und tauschen Informationen aus. Auch Taubstumme, Dirigenten und Taucher verwenden „sprachlose" körperliche

Körpersprache

Signale in Situationen, in denen auf den Einsatz von Stimme verzichtet werden muss. An diesen Beispielen erkennen wir, welche Bedeutung dem menschlichen Körper als Verständigungsmittel zukommt.

Jeder Mensch besitzt eine natürliche Neigung, mit den Händen die Dinge darzustellen und mit passender Mimik zu verstärken, von denen er gerade spricht. Wer eine Wendeltreppe erwähnt, wird eine spiralförmige Bewegung in die Luft zeichnen. Unterhält man sich über das Wachstum eines Baumes, wird die Krone mit Gesten verdeutlicht. Berichten Männer über schöne Frauen, werden sie vermutlich gewisse Linien darstellen und diese Bewegungen mit bewundernder Mimik begleiten.

Dass Gestik und Mimik zu unserem angeborenen anatomischen Inventar zählen, erkannten Psychologen der Indiana University in Bloomington/USA nach einer Versuchsreihe mit blind geborenen Kindern. Die blinden Kinder benutzten zur Untermalung ihrer Aussagen vergleichbar häufig die gleichen oder ähnliche Gesten wie sehende Kinder – auch wenn sie wussten, dass ihre Zuhörer gleichfalls blind waren.

Unser Körper spricht, gibt Signale und kommuniziert mit der Umwelt. Wir übermitteln unserer Umwelt selbst dann mit unserem Körper Nachrichten, wenn wir es überhaupt nicht wollen.

Beispiel:

Ein Stadtstreicher sitzt auf der Mitte einer Parkbank. Beide Arme liegen besitzergreifend ausgestreckt auf der oberen Kante der Rückenlehne. Der Mann schläft. Sie wollen sich gern einen Moment ausruhen und sehen die von dem Stadtstreicher besetzte Bank. Was passiert im Regelfall? Sie gehen weiter und suchen sich eine andere Bank. Sie haben nämlich die vom Schläfer unbewusst gesendete Botschaft empfangen: „Ich will schlafen und nicht gestört werden. Das ist meine Bank!"

Sie erkennen: Wie immer wir uns auch verhalten, ob wir etwas tun oder unterlassen, stets geben wir Nachrichten an unsere Umwelt ab. Und diese Signale werden sowohl bewusst als auch unbewusst wahrgenommen.

Ihre visuellen Wirkungsmöglichkeiten

Gesten dienen aber nicht nur der besseren Verständigung, sondern helfen auch beim Sprechen und Erinnern. So verwendet jemand, der ein Bild aus seiner Erinnerung beschreibt, mehr Gesten als jemand, der ein Bild vor sich liegen hat.

Vergegenwärtigen wir uns zusätzlich, dass der Mensch zu 83 Prozent Informationen aus der Umwelt mit dem Auge aufnimmt (siehe Seite 144), so erkennen wir deutlich den Stellenwert der sichtbaren Körpersignale. Indem wir durch Sprache die Ohren und über Körpersignale die Augen der Zuhörer ansprechen, bündeln wir deren Aufmerksamkeit.

3. Haltung

Der Redner steht grundsätzlich vor seinem Publikum. Damit kann er die Anwesenden besser überblicken und wird selbst besser gesehen. Hinzu kommt, dass der stehende Mensch mehr Dynamik entwickelt. Dynamik darf aber nicht mit Hektik verwechselt werden.

Der ungeübte Redner wirkt häufig unruhig und verkrampft, wenn er nervös hin und her läuft wie ein eingesperrter Löwe. Auch bei hervorragender Vorbereitung bleibt dem Zuhörer diese körperliche Begleiterscheinung nicht verborgen. Die Überzeugungskraft der mündlichen Aussagen wird vermindert, im Extremfall bleibt der Redeinhalt wirkungslos.

Um eine ruhige, gelassene, stabile und sichere Haltung einzunehmen, sollten sich Ungeübte mit einer Grundhaltung anfreunden, die Nervosität vermindert und das Selbstvertrauen stärkt.

> **Praxis-Tipp:**
>
> Stehen Sie ruhig und ausbalanciert (Gewicht gleichmäßig auf beide Beine verteilen) und drücken Sie die Knie leicht durch. Die Schuhabsätze befinden sich etwa 10 cm voneinander entfernt und die Fußspitzen weisen in einem Winkel von 60 bis 70 Grad auseinander (nach dem Zifferblatt: 13.50 Uhr).

Mit dieser Grundstellung stehen Sie „festgemauert in der Erde" und brauchen nicht zu befürchten, dass Ihre Füße sich plötzlich selbständig machen. Auch widerstehen Sie in dieser, der militärischen Grundstellung sehr ähnlichen der Versuchung des ständigen Umtretens vom „Standbein" auf das „Spielbein". Die leicht durchgedrückten Knie erschweren das Wippen mit den Füßen und verhindern ein Schaukelpferdspielen.

> **Praxis-Tipp:**
> Ihre Körperhaltung sollte aufrecht und locker sein, auf keinen Fall aber steif (Sie verschlucken doch keine Lineale). So strahlen Sie eher Kompetenz und Autorität aus. Eine steife Körperhaltung (Brust raus – Bauch rein) wirkt hingegen verkrampft und behindert ein tiefes Atmen.

4. Gestik

Viele Redner wissen nicht, was sie mit ihren Händen anfangen sollen. Besucht ein aufmerksamer Beobachter häufig Vortragsveranstaltungen, könnte er nach einiger Zeit eine lange Abhandlung über die an falschen Stellen positionierten Rednerarme und -hände schreiben.

Sicherlich kämen auch die folgenden Sünden zu Protokoll:

- Die Hände klammern sich Hilfe suchend am Rednerpult fest oder werden auf das Rednerpult gestützt:

   Der Redner wirkt nicht überzeugend, es mangelt an Souveränität. Oftmals geht hiermit auch eine schlechte Körperhaltung einher: Man „schlängelt" sich über das Pult oder nimmt die gekrümmte Haltung eines lebenden Fragezeichens ein. Die Hände verlassen das Pult nicht mehr und fallen für Gestik aus.

- Arme und Hände hängen unbeweglich am Körper herab:

   Natürliche Gestik eilt dem gesprochenen Wort voraus, d. h. einige Sekundenbruchteile vor der mündlichen Aussage setzt bereits die entsprechende Gestik ein. Bis die herabhängenden

Ihre visuellen Wirkungsmöglichkeiten

Hände zur Gestik in Richtung obere Körperhälfte gebracht werden, ist es für Gestik schon zu spät. Man lässt die Hände unten und wirkt dadurch ziemlich linkisch.

- Der Redner vergräbt seine Hände in Hosen- oder Jackentaschen:

  Bei manchen Menschen entwickelt die Hosen- oder Jackentasche einen erstaunlichen Magnetismus. Das Selbstbewusstsein scheint sich schlagartig zu erhöhen, wenn eine Hand möglichst bis zum Ellenbogen in Hosen- oder Jackentasche vergraben ist. Sollten die Hände in ihrem Gefängnis dennoch Gestik zeigen, stellt sich für viele Beobachter die Frage: „Was tut er da?"

- Die Hände machen sich selbständig, fuchteln unmotiviert in der Luft herum, fahren wiederholt durchs Haar, kraulen den Kopf, greifen ans Ohrläppchen, fassen an die Nase, stützen das Kinn, reißen Barthaare aus usw.:

  Diese Unsicherheit verratenden Gesten und störenden Bewegungen lenken das Publikum ab. Es werden nicht mehr die inhaltlichen Aussagen verfolgt, sondern vornehmlich die ein Eigenleben führenden Hände.

- Die herabhängenden Hände werden unterhalb der Gürtellinie gefaltet:

  Wir erkennen die „deutsche Beerdigungshaltung", mit der ein Redner seinen Vortrag wegen fehlender Gestik zu Grabe trägt. Vielleicht steht für diese Position auch das Motto „Schützt eure Anlagen" Pate.

- Die Hände werden hinter dem Rücken zusammengelegt:

  Der Redner „hat nicht alle Hände voll zu tun". Er wartet ab und hält sich zurück. Begeisterungsstürme wird er nicht auslösen, fehlt doch bei dieser passiven Haltung die aktivierende Gestik.

- Die Arme werden verschränkt, also vor der Brust gekreuzt:

  Diese Haltung lässt erkennen, dass sich der Redner bedroht fühlt und sich in sich zurückzieht. Mit der symbolischen Selbst-

Gestik

umarmung wird der Wunsch nach Schutz und Wärme dargestellt. Diese gefesselte Körperhaltung unterbindet jegliche Gestik.

- Ständig reibt der Redner die Hände:

  Schnell entsteht der Eindruck, der Redner wolle nur sein eigenes Süppchen kochen und freue sich darauf, seine Zuhörer übers Ohr hauen zu können.

- Die Arme werden in die Hüften gestemmt:

  Diese kecke und herausfordernde Balzhaltung wirkt auf manche Zuhörer sogar bedrohlich.

Nach diesen Negativ-Beispielen nun aber unser Hinweis, wo die Hände des Redners am besten aufgehoben sind:

> **Praxis-Tipp:**
> Winkeln Sie die Arme an, wobei sich die Oberarme locker am Körper befinden. Sie legen etwa in Körpermitte eine offene Hand (Innenfläche weist in Richtung Gesicht) locker in die leicht geöffnete andere Hand, ohne dass sich die Hände umklammern oder festhalten oder die Finger miteinander spielen.

Damit sind die Hände in eine günstige Ausgangsstellung gebracht. Sie können unbewusst und intuitiv diese Grundposition für Gestik verlassen und das Gesprochene mit ihrer großen Variationsfähigkeit unterstreichen, seine Bedeutung hervorheben und das Gesagte anschaulich machen.

Wenn wir beim Reden eine gewisse Schwellenangst abgelegt haben, passt sich unser Körper, je nach Veranlagung und Temperament, dem Inhalt unserer Aussagen an. Der „unterkühlte" Hanseat wird in seinem gestischen Ausdrucksverhalten zurückhaltender sein als der extrovertierte Rheinländer.

Überlassen Sie sich dem natürlichen Bewegungsbedürfnis Ihres Körpers. Dann wird Ihre Gestik Ihrem Naturell entsprechen und zu Ihrer Persönlichkeit passen. Behalten Sie immer Ihren individuellen Stil, Ihre persönliche Note bei. Würden Sie sich besonders wirkungsvolle Gesten „einpauken", so würden die Zuhörer diese Körpersignale als

Ihre visuellen Wirkungsmöglichkeiten

unecht, übertrieben oder unpassend empfinden und Ihre theatralischen und gekünstelten Effekte ablehnen. Da Sie als Redner keine positive Wirkung erzielen würden, brächte man Ihnen kein Vertrauen entgegen. Die Folge: Ihre inhaltlichen Aussagen würden mit Skepsis betrachtet. Wer andere Redner kopiert, ist nicht mehr er selbst, sondern nur noch eine schlechte Kopie!

Orientierungshilfen für Ihre Gestik:

- Der Bereich zwischen Gürtellinie und Brusthöhe steht als neutrale Zone vorrangig für Gestik zur Verfügung.
- Wollen Sie etwas Positives darstellen, kommen die Hände auf Brusthöhe und zeigen dem Körper zugewandte Gestik.
- Negatives dagegen wird mit unseren Händen nach unten weggedrückt.
- Nur ausnahmsweise gestikulieren wir unterhalb der Gürtellinie, weil hierdurch eine eher abschreckende Wirkung erzielt wird.

Ihre Gestik darf nicht eintönig werden, vielmehr setzen Sie Ihre Handbewegungen variabel ein. Sie gebrauchen abwechselnd – also nicht in gleichmäßigem Rhythmus – den rechten und den linken Arm, gelegentlich beide zur gleichen Zeit.

Gegenüber enger und verhaltener Gestik in Gesprächssituationen kann Gestik in einer Rede etwas bewusster und ein wenig größer dargeboten werden. Große Menschen sollten mit Gestik zurückhaltender sein als kleinere Redner.

Damit Ihre Gestik nicht als störend empfunden wird, beachten Sie folgende Tipps:

- Setzen Sie die zur Faust geschlossene Hand nur selten ein. Manche Redner scheinen Boxsportler zu sein. Sie bearbeiten das Publikum fortwährend mit erhobener Faust. Niemand darf sich wundern, wenn sich derartig traktierte Zuhörer verschließen oder gar zum Angriff übergehen. Wird das Pult ständig mit der Faust bearbeitet, werden die Anwesenden mitleidig auf dieses Rederequisit schauen und den Zeitpunkt abschätzen, wann aus ihm Kleinholz gemacht sein wird.

Mimik

- Der erhobene oder drohende Finger ist eine Geste, die schmerzt. Im übertragenen Sinne „stechen" Sie damit auf Ihre Mitmenschen ein. Nennen Sie einen Anwesenden, deuten Sie ruhig auf ihn, jedoch nicht mit dem Finger, sondern immer mit der ganzen Hand, wobei die Innenseite nach oben weist.

- Wenn Sie ständig mit dem Ehering, einem Bleistift oder einem Kugelschreiber herumspielen, Ihr Publikum mit der einen Taktstock ersetzenden Brille dirigieren oder sich häufig an den Krawattenknoten greifen, dürfen Sie nach Ihrer Rede kein Klagelied über die unaufmerksame Zuhörerschaft anstimmen. Mit den von Ihnen unbeabsichtigt provozierten Ablenkungen konnten Ihre Argumente nicht konkurrieren.

- Ihr Stichwortzettel/Manuskript hat während Ihrer Rede in Ihrer Hand nichts zu suchen. Es wird sofort nach Eintreffen am Rednerpult abgelegt. Behalten Sie es in der Hand, teilen Sie dem Publikum Ihre möglicherweise vorhandene Nervosität über das zitternde Papier mit (eine Ausnahme lesen Sie bitte auf Seite 120 nach).

5. Mimik

Das menschliche Gehirn koppelt Gefühle wie Freude, Zorn, Kummer, Interesse, Furcht, Verachtung, Ekel, Gleichgültigkeit, Missbilligung vorrangig mit unserer Mimik, die zusätzlich über Gestik unterstützt wird. Dafür ist der Mensch mit dem besonders fein verzweigten Fazialisnerv ausgestattet, der sämtliche Gesichtsmuskeln regiert. Das Zusammenwirken von 24 Muskeln lässt ein Gesicht freudig, überrascht oder von Angst erfüllt erscheinen (beim Lächeln bewegen sich 17 Muskeln in unserem Gesicht).

Es wäre also nur folgerichtig, wenn der Redner die ihn bewegenden Gefühle auch durch entsprechende Mimik „herauslassen" würde. Aber was erkennen wir häufig? Der Redner stellt sich „tot". Entweder scheut er sich, dem Publikum seine jeweilige Gefühlslage zu offenbaren, oder aber er lehnt „Schauspielerei" oder „Zirkusauftritte" ab. Mit unbeweglichem Gesicht ähnelt er dem Wachsoldaten vor dem

Ihre visuellen Wirkungsmöglichkeiten

Buckingham-Palast, dem selbst hübsche Mädchen keine mimische Gefühlsregung entlocken können. Die Natürlichkeit ist wie weggeblasen. Mit der „Amtsmiene" ist das Gesicht zu einer starren Maske geworden.

Und wie ist die Wirkung dieses „Totstell-Effektes" auf das Publikum? Für den Zuhörer ist es ermüdend, immer nur ein Pokerface zu sehen, das besser in einen Spielsalon gehört. Die fehlende Mimik lähmt seine Aufmerksamkeit und Konzentration. Es bereitet einfach keinen Spaß, ständig in ein ausdrucksloses Gesicht mit undurchdringlicher Miene zu schauen.

Im Gegensatz hierzu zeigen manche Redner ein stereotypes und gewohnheitsmäßiges Lächeln. Zwar ist ein freundlicher Gesichtsausdruck grundsätzlich zu begrüßen, weil wir auf diese Weise unseren Zuhörern ein positives emotionales Angebot machen. Kommt es aber zu einem ständigen Keepsmiling, wird diese „aufgesetzte" Mimik als unnatürliches und bewusst eingesetztes Mittel zur Manipulation erkannt.

Praxis-Tipp:

Eine Wohltat ist es, einem Redner zuzuhören und zuzusehen, der die Ausdrucksvielfalt seines Gesichts nutzt und über seine Mimik seine Aussagen gemäß ihrem Charakter, ihrer Bedeutung und ihrer Verbindlichkeit verstärkt. Der mit natürlicher – und damit passender – Mimik untermalte Vortrag ist sehr viel lebendiger, und die Atmosphäre lockert sich sogleich auf.

Gibt sich der Redner natürlich und ist er von seinem Redeinhalt überzeugt, wird er die passende Mimik unbewusst zeigen. Eine besondere Schulung oder Vorübung ist nicht erforderlich.

Haltung, Gestik, Mimik – Übung

Nehmen Sie zunächst unsere Grundhaltung (siehe Seite 76) ein und sprechen Sie die nachstehenden Aussagen, wobei Sie Gestik und Mimik einsetzen:

- Mir ist das ganz und gar egal.
- Er hat nicht mehr alle Tassen im Schrank.

- Halt, wer kommt da?
- Alle Männer trugen lange Bärte.
- Beruhigen Sie sich.
- Das stinkt ja grässlich.
- Wollen wir so oder so vorgehen?
- Mein Kind, ich warne dich.
- Reißen Sie sich doch zusammen.
- Nein, nein, das kommt überhaupt nicht in Frage.
- Packen wir's an, mit geballter Kraft.
- Zur Vereidigung hob der Zeuge den Arm.
- Ich will damit nichts zu tun haben.
- Stopp, wir brauchen eine Auszeit.

Bei dieser Übung erkannten Sie vermutlich, dass Sie mit Gestik und Mimik das gesprochene Wort eindrucksvoll unterstützen können. Das hat nichts mit Schauspielerei zu tun. Im Gegensatz zum Schauspieler stellen Sie sich als Redner immer selbst dar und behalten Ihre individuelle Note. Dabei tragen Sie normalerweise einen selbst verfassten Text vor und sind damit produzierend und schöpferisch tätig.

Praxis-Tipp:

Mit den in diesem Kapitel empfohlenen Kernregeln wurde die Grundhaltung für den ungeübten Redner umrissen. Je häufiger Sie vor Publikum sprechen, bilden Sie aus diesem Grundschema Ihren eigenen, unverwechselbaren Stil.

6. Blickkontakt

Dass dem Blickkontakt bei zwischenmenschlichen Begegnungen eine große Bedeutung zukommt, erkennen wir an Formulierungen wie „Blicke sprechen Bände", „Jemandem schöne Augen machen",

Ihre visuellen Wirkungsmöglichkeiten

„Jemandem tief in die Augen sehen" oder „Jemanden keines Blickes würdigen". Dies gilt zweifelsohne auch für Reden. Selbst schlüssige Aussagen erzielen nicht die gewünschte Wirkung, wenn der Redner einen fehlerhaften Blickkontakt praktiziert:

- Mit einem eiligen „Scheibenwischerblick" wird Unruhe erzeugt.
- Der Redner starrt fortwährend einen bestimmten Punkt im Raum an. Zuhörer werten dies als Zeichen von Arroganz oder Unsicherheit. Wird beispielsweise der Blick ständig auf eine obere Raumecke gerichtet, ist die Unruhe der dort Sitzenden verständlich: Möglicherweise könnte doch der Putz oder gar die ganze Decke auf sie herabfallen.
- Der Redner ignoriert das Publikum mit seinen Blicken. Die Augen des Vortragenden sind Hilfe suchend nach oben gerichtet, als ob eine Eingebung vom Himmel herbeigefleht würde.
- Es wird nur ein Zuhörer angeblickt, alle übrigen Personen straft der Redner mit Missachtung. Die zu „Unpersonen" Degradierten sind sich selbst überlassen, so dass es nicht verwundert, wenn von ihnen plötzlich Schnarchgeräusche zu vernehmen sind.
- Die Zuhörer werden mit einem fortwährenden Blick des Redners aus dem Fenster abgelenkt. Da jeder Mensch über eine individuell unterschiedlich ausgeprägte Neugier verfügt, ärgern sich einige Zuhörer wegen der fehlenden Möglichkeit, ebenfalls nach dem Blickfang außerhalb des Raumes sehen zu können.
- Schaut der Redner unentwegt zu Boden, hat er schon verloren. Diese Blickrichtung vermittelt jedem Betrachter den Eindruck, ein Häufchen Elend vor sich zu haben. Von den Gedanken dieser personifizierten Unsicherheit wird sich kein Zuhörer überzeugen lassen.
- Der Redner kann sich nicht von seinem Stichwortzettel/Manuskript lösen. Die hierdurch ausgelöste Kettenreaktion ist auf Seite 64 beschrieben.

Blickkontakt

Den während der Vorpause (siehe Seite 21) aufgenommenen Blickkontakt behalten Sie bis zum Redeschluss bei. Damit reduzieren Sie für Ihre Kontaktbrücke die Einsturzgefahr.

Praxis-Tipp:

Jedem in den Blick genommenen Zuhörer vermitteln Sie das Gefühl, sich mit ihm zu unterhalten, immer wieder speziell zu ihm zu sprechen. Droht Ihre Verbindung zum Zuhörer abzureißen, holen Sie ihn wieder zu sich, indem Sie häufiger zu ihm hinschauen. Auch stellen Sie mit dem Blickkontakt Vertrauen her, so dass der Zuhörer aufmerksamer und interessierter wird und sich von Ihren Gedanken eher fesseln lässt.

Mit unserem Blickkontakt vermitteln wir den Zuhörern auch unser Selbstbewusstsein und unsere Sicherheit, wodurch unsere Sachaussagen glaubwürdiger und überzeugender wirken. Natürlich werden Sie durch Ihre Blicke ins Publikum auch ständig darüber informiert, wie Ihre Rede „ankommt". Cicero, ein hervorragender Redner des Altertums, empfahl: „So wie ein Pfeilschütze seinen Pfeilen nachblickt, um zu sehen, ob er getroffen hat, so soll der Redner seinen Worten nachblicken, um zu kontrollieren, ob seine Worte überzeugt haben."

Einen Zuhörer sollte der ungeübte Redner jedoch strikt übersehen: seinen ärgsten Kontrahenten. Dessen missachtende Gestik und ablehnende Mimik (z. B. der gezeigte „Vogel" oder aufgeblasene Wangen mit finsterem Blick und Kopfschütteln kombiniert) könnten zu einem sofortigen Steckenbleiben führen. Viel günstiger ist es, uns wohlgesonnene Personen anzusehen, die uns über zustimmende Gestik und Mimik Übereinstimmung signalisieren und Mut zusprechen.

Blickkontakt bei großem Publikum

Bei einer kleineren Zuhörerzahl können wir alle Personen immer wieder anblicken. Wie vermitteln wir aber hundert oder zweihundert Personen das Gefühl, häufig angeschaut zu werden?

Ihre visuellen Wirkungsmöglichkeiten

> **Praxis-Tipp:**
>
> Sehen Sie zuerst einen Zuhörer auf der linken Seite auf einem der vorderen Plätze an, danach wandert Ihr Blick in die Mitte zu einer mittleren Position, um schließlich einen Zuhörer in einer hinteren Reihe der rechten Seite in den „Augengriff" zu nehmen. Danach lassen Sie Ihre Augen auf der rechten Seite langsam nach vorn schweifen, um sie anschließend wieder nach links zu wenden.
>
> Diesen „Spaziergang" mit den Augen wiederholen Sie öfters, wobei Sie Ihren Blick um drei bis vier Personen versetzen. Ihr Blick kreist ruhig beobachtend und zieht damit die Zuhörer in Ihren Bann. Da auf größere Distanz der Blick „streut", fühlen sich bei jedem Blick mehrere Personen angesehen, obwohl Sie nur einen Zuhörer fixieren. Mit Ihrem Blick verweilen Sie bei jedem Angesehenen drei bis fünf Sekunden, um den Anschein innerer Unruhe oder Hektik zu vermeiden.

Wollen Sie als Redner überzeugend und authentisch sein, setzen Sie Ihre persönlichen visuellen Wirkungsmöglichkeiten ein und bewegen sich unverkrampft und natürlich. Damit öffnen Sie sich und stoßen eher auf positive Resonanz.

Ihre akustischen Wirkungsmöglichkeiten

6

1. Typische Fehler, ihre Ursachen und Auswirkungen 88

2. Atemtechnik 89

3. Sprechtechnik 94

4. So verbessern Sie Ihre akustischen Wirkungsmöglichkeiten 109

Ihre akustischen Wirkungsmöglichkeiten

1. Typische Fehler, ihre Ursachen und Auswirkungen

In der Rede- und Vortragstechnik sind atem- und sprechtechnische Überlegungen von besonderer Bedeutung. Deshalb beginnen wir mit der Auflistung wesentlicher Schwachpunkte, mit ihren möglichen Ursachen und Auswirkungen. Prüfen Sie bitte gewissenhaft – Selbsterkenntnis ist der erste Schritt zur Besserung –, ob auch Sie zu einem der genannten Fehler neigen. Trifft dies zu, werden Ihnen die weiteren Ausführungen beherzigenswerte Verbesserungsvorschläge aufzeigen.

Fehler des Redners	Mögliche Ursachen	Mögliche Wirkungen
Unruhige Atmung, Atemnot	Falsche Atemtechnik	Unsicherheit erkennbar, Nervosität überträgt sich
Spricht ständig zu schnell	Unsicherheit, Angst vor Unterbrechungen	Trotz Anstrengung ist Verarbeiten und Merken kaum möglich
Spricht ständig zu langsam	Formulierungsprobleme, Desinteresse	Wird ungeduldig, gelangweilt, schweift gedanklich ab
Betont seine Aussagen nicht	Geringe innere Beteiligung	Eintönigkeit schläfert ein
Betont zu viele Wörter im Satz	Bemühen, es besonders gut zu machen	Verstehen wird erschwert, da Sinn nicht deutlich erkennbar
Spricht ständig (zu) laut	Übergroßes Selbstbewusstsein, Kompensation für mangelndes Selbstbewusstsein	Wirkt aufdringlich, kann aggressionsfördernd sein
Spricht ständig leise	Mangelndes Selbstbewusstsein	Akustische Aufnahme wird erschwert
Spricht mit hoher Stimme	Aufgeregtheit	Nervosität wird übertragen

Atemtechnik

noch: Fehler des Redners	Mögliche Ursachen	Mögliche Wirkungen
Macht keine Sprechpausen	Unsicherheit, Angst vor Zuhörerreaktionen	Kann Gesagtes nicht überdenken, schaltet ab
Bevorzugt eintönige Stimmlage	Geringes Engagement	Eindruck, es handele sich um 08/15-Aussagen
Spricht „breiten" Dialekt	Kann sich mundartlich sicherer und besser ausdrücken	Bei Unkenntnis wirkt Dialekt als unbekannte Fremdsprache und wird abgelehnt
Verwendet häufig Füll- und Verlegenheitslaute	Geringe Konzentration, Unsicherheit, betrachtet Pausen als Schwäche	Lenkt ab, wird als „schmerzend" empfunden
Teilweise unverständliche Aussprache	Zu hohes Sprechtempo, Sprachnachlässigkeiten	Erfordert zu hohe Aufmerksamkeit, wirkt ermüdend, erzeugt Antipathie

2. Atemtechnik

Das vegetative Nervensystem versorgt unseren Organismus über die Atmung mit lebensnotwendigem Sauerstoff. Bis wir unseren „letzten Atem" ausgehaucht haben, pumpt unsere Lunge ständig Luft, je nach Atemfrequenz 8 bis 18 Züge pro Minute. Möglicherweise fragen Sie sich nun: „Jetzt soll ich mich auch noch mit Atmung beschäftigen, obwohl ich mich seit meiner Geburt nicht darum gekümmert habe? Meine Atmung funktioniert – ich beweise dies durch meine Existenz." Was hat Atmung also mit Rhetorik zu tun?

Zunächst ist festzuhalten, dass der Mensch durch Atmung sein Blut mit Sauerstoff versorgt. Dem Körper wird Kohlendioxyd entzogen, so dass die lebensnotwendigen Körperfunktionen aufrechterhalten werden können. Um am Leben zu bleiben, ist ein flaches Ein- und Ausatmen ausreichend. Bei fehlender Tiefatmung holen wir 14- bis 18-mal pro Minute etwas Luft mit dem Ergebnis, dass der Atmungsvorgang nur in den oberen Spitzen der Lungenflügel stattfindet. Fördert diese Atemtechnik die körperliche und geistige Gesundheit? Genügt dieses

Ihre akustischen Wirkungsmöglichkeiten

schnelle, oberflächliche, unnatürliche und verkrampfte Luftholen den sprechtechnischen Erfordernissen einer Rede?

Uns ist viel zu wenig bewusst, dass die Atemluft beim Ausatmen als Energiequelle für das Sprechen dient. Gewiss stimmen Sie zu, dass wir sehr viel ruhiger, sicherer und überzeugender wirken, wenn uns genügend Luft als „Treibstoff" für unsere Aussagen zur Verfügung steht. Hingegen vermitteln wir bei kurzem und hastigem Atmen – also wenn uns beinahe „die Puste ausgeht" – einen unruhigen, gehetzten, sogar hektischen Eindruck. Dieses flache Luftschnappen stellt beim Reden einen Unruhefaktor dar, der zudem einen überhöhten Atmungs- und Kraftaufwand bei geringer Sauerstoffzufuhr erfordert.

Richtiges Atmen hat Vorteile

Kommen Sie der Forderung an jeden Redner nach, nicht nur während seines Vortrags tief und ruhig zu atmen.

- In den Formulierungen „atemberaubend" oder „vor Spannung stockt der Atem" wird deutlich, wie eng Anspannung, Atmen und Entspannung miteinander verbunden sind. Tiefes Atmen wirkt spannungsmindernd und trägt zur Beruhigung unseres Körpers bei. Stress und Lampenfieber vermindern sich.
- Das allgemeine Wohlbefinden und Ihr Leistungsvermögen steigen, weil Herz, Kreislauf und Körpergewebe nicht unter Sauerstoffmangel leiden (damit beugen Sie auch dem gefürchteten Herzinfarkt vor). Sie fühlen sich insgesamt entspannter und gesammelter, Sie ermüden langsamer, Sie können besser schlafen und wachen rascher auf.
- Steht genügend Atemluft zur Verfügung, können Sprechtempo, Betonung und Lautstärke eher variiert werden. Ihre Aussagen wirken nicht abgehackt, die Aussprache wird wesentlich deutlicher, Sie lassen eindrucksvoller Energie und Dynamik erkennen.
- Da Sie ökonomisch mit der Atemluft umgehen und stets einen Luftvorrat zur Verfügung haben, stellen sich keine sprachlichen Ermüdungserscheinungen ein. Keuchen oder durch das Sprechen verursachte Heiserkeit, Halsschmerzen oder Rachenentzündungen werden vermieden.

Atemtechnik

- Sie atmen ohne störende akustische Begleiterscheinungen "geräuschlos" ein und aus ("Der Redner pfeift aus dem letzten Loch.").

Praxis-Tipp:

Atemtherapeuten unterscheiden zwischen:

- Brustatmung
- Bauch- oder Zwerchfellatmung
- Flankenatmung

Eine Kombination dieser Atmungsarten ergibt die erstrebenswerte Vollatmung, die eine optimale Nutzung unserer Lungenkapazität ermöglicht.

Die meisten unter Bewegungsarmut leidenden Menschen beschränken sich auf die Brustatmung. Hierbei dehnt sich im Brustkorb vornehmlich der obere Teil der Lunge, wobei sich gleichzeitig die Schultern heben. Zwar können bei einem tiefen Atemzug ungefähr 2 000 ccm Luft "getankt" werden, doch reicht dieses Luftvolumen nicht aus, ständig einen genügend großen Luftvorrat zur Verfügung zu haben. Aus anatomischen Gründen lässt sich die genannte Menge kaum wesentlich überschreiten, weil der obere Lungenteil in seinen Ausdehnungsmöglichkeiten durch die Rippen begrenzt wird.

Betrachten Sie im Lexikon das Bild einer menschlichen Lunge, werden Sie sogleich erkennen, dass sie oben relativ schmal, dafür aber unten wesentlich breiter ist. Schon aus der Form unserer Lunge lässt sich die Forderung ableiten, die unteren Lungenregionen intensiver mit Luft zu füllen. Das geschieht mit der Bauch- oder Zwerchfellatmung, bei der wir mit einem ausgiebigen Atemzug im Vergleich zur Brustatmung etwa das doppelte Luftvolumen in unsere Lungenflügel strömen lassen.

Die Lunge dehnt sich bei dieser Atmungsart nach unten aus und zwingt das leicht nach oben gewölbte Zwerchfell, sich nach unten zu orientieren. Die hierdurch beengten Organe werden sowohl nach

Ihre akustischen Wirkungsmöglichkeiten

unten als auch nach außen gedrückt, so dass die Bauchdecke sich folgerichtig hebt.

Die Bauch- oder Zwerchfellatmung ist uns angeboren. Bei einem Baby und auch bei schlafenden Menschen können Sie beobachten, dass sich nicht der Brustkorb beim Einatmen hebt, sondern der Bauch. Allerdings haben viele Menschen die Bauch- oder Zwerchfellatmung im Laufe ihres Lebens verlernt. Trostreich lehrt die Erfahrung, dass Verlerntes wieder erlernt werden kann – so auch die Bauchatmung. Nach entsprechendem Atemtraining werden wir sie nach einiger Zeit so gut beherrschen, dass wir sie in stressreichen Redesituationen möglichst unbewusst einsetzen können.

Ärzte, Logopäden und Sprecherzieher vertreten heute die Ansicht, dass richtiges Atmen nicht durch vertieftes Einatmen erlernt werden kann, sondern allein durch geregeltes Ausatmen. Idealerweise sorgen wir mit langem Ausatmen für den völligen Abtransport der verbrauchten Luft und befreien damit unsere Lunge von Kohlendioxyd. Zunächst atmen wir intensiv aus. Anschließend spannen wir die Bauchmuskulatur an und pusten noch einmal aus. Tatsächlich werden einige Kubikzentimeter Restluft ins Freie befördert, die allerhand Luftbläschen für die Aufnahme frischer neuer Luft blockiert hätten. Beim Ausatmen ziehen wir die Bauchwand ein und sorgen gleichzeitig für eine Einwärtsbewegung der Rippen. Nach einer kurzen Pause lassen Sie mit einem tiefen Atemzug durch die Nase frische Luft bis in die äußersten Winkel Ihrer Lunge einströmen. Dabei werden Bauch und Magengrube nach vorn gewölbt, während sich Schultern und Brustkorb kaum bewegen. Indem wir bei der Bauch- oder Zwerchfellatmung ständig auf unsere sich senkende und hebende Nabelgegend achten, atmen wir in gleichem Rhythmus tief aus, tief ein, tief aus usw. Nach einigem Training wird die Beweglichkeit der unteren Rippen zunehmen und eine verstärkte Ausdehnung der Lunge zulassen.

Richtiges Atmen üben

Am besten lässt sich diese Atmungsmethode im Liegen üben. Da Ihr Magen morgens noch leer ist und Sie keine beengende Kleidung tragen, beginnen Sie künftig den Tag mit einer kurzen Atemübung, bei der

Atemtechnik

Sie auf exakte Bauch- oder Zwerchfellatmung achten. Legen Sie sich hierbei ein schweres Buch auf die Nabelgegend. Es wird sich bei optimalem Ausatmen um mehrere Zentimeter senken, bei der folgenden kurzen Atempause einige Momente unbeweglich liegen bleiben und sich beim Einatmen tüchtig heben. Sie atmen ruhig und rhythmisch, wobei dem Einatmen eine verlangsamte und doppelt so lange Ausatmung folgt. Gelingt die Bauch- oder Zwerchfellatmung gut, dehnen Sie den Atmungsvorgang auf die Flankengegend aus. Beim Ausatmen ziehen wir die Flanken ein, beim Einatmen dehnen wir sie wieder aus.

Steigern Sie langsam Ihre Trainingsleistungen. Hierbei ist es besser, regelmäßig kurze Übungen vorzusehen, als längere Übungsphasen in unregelmäßigen Abständen vorzunehmen. Bereits nach kurzer Zeit wird sich Ihr körperliches und geistiges Wohlbefinden steigern. Sie gewinnen in jeder Hinsicht eine bessere Kondition. Üben sie die beschriebene Atemtechnik später auch im Sitzen, Gehen und Stehen, wobei Sie hierfür Ihre „toten Zeiten" (z. B. Warten vor einer heruntergelassenen Schranke, während des Werbefernsehens oder in einem Moment der Muße) nutzen.

Prinzipiell atmen wir durch die Nase aus und ein. Hierbei wird die einströmende Luft gefiltert und angewärmt, so dass unsere Schleimhäute geschützt werden. Holen wir durch den Mund Luft, trocknet die Kehle sehr schnell aus. Es besteht auch die Gefahr baldiger Entzündungen im Hals- und Rachenraum. Außerdem wirkt es linkisch und unattraktiv, wenn der Mund für das Atmen ständig geöffnet bleibt.

Empfehlungen für Ihre Redepraxis:

- Sie atmen dann ein, wenn der Sinn Ihrer Rede eine Pause erlaubt.

- Bilden Sie kurze Sätze, dann kommen Sie nicht in Atemnot. Sie gewinnen fortwährend Pausen, die Sie zum Atemholen nutzen.

- Das Ausatmen dauert regelmäßig länger als das Einatmen. Warten Sie bei einer Rede aber nicht bis zur völligen Entleerung der Lunge, sondern atmen Sie bei jeder sich bietenden Gelegenheit nach.

Ihre akustischen Wirkungsmöglichkeiten

3. Sprechtechnik

Es kommt nicht nur darauf an, was wir vom Inhalt her darstellen, sondern vor allem, wie wir unsere Gedanken akustisch darstellen. Neben den von uns ausgehenden körpersprachlichen Signalen (Haltung, Gestik, Mimik) wird unsere rednerische Wirkung durch die stimmlichen Möglichkeiten intensiv beeinflusst. Um unsere Stimme als vielseitiges, einfühlsames und fesselndes Instrument bewusst zur Unterstützung inhaltlicher Aussagen einsetzen zu können, ist ein grundlegendes sprechtechnisches Know-how vonnöten. Fehlt elementares Wissen über den wirkungsvollen Stimmeinsatz und treten deshalb unbeabsichtigt Sprechfehler auf (Sprechfehler weichen vom akustischen Ideal ab, Sprachfehler resultieren aus angeborenen oder krankhaften Stimmstörungen), bringt sich der Redner um die Frucht seiner Mühen.

Monotonie durch Sprachmelodie ersetzen

Im Februar 1977 froren die Niagara-Fälle in den USA ein. Im Umkreis mehrerer Meilen wachten die Menschen auf, weil statt des gewohnten Donnerns der Wasserfälle plötzliche Stille herrschte. Wohnen Sie dicht neben einer Eisenbahnstrecke, werden Sie den Geräuschpegel des um 6.13 Uhr vorbeifahrenden Schnellzuges kaum mehr wahrnehmen. Käme der Zug nach einer Fahrplanänderung 30 Minuten später, wären Sie gegen 6.13 Uhr unruhig – irgendetwas stimmte nicht. Sie schrecken beim Zeitunglesen aus einem zunächst unerfindlichen Grund zusammen. Erst nach gründlicher Recherche bemerken Sie, dass das Ticken einer alten Wanduhr, an das Sie gewöhnt sind, fehlt.

In den geschilderten Fällen wurde Aufmerksamkeit durch das Fortbleiben eines monotonen Geräuschs erzeugt. Spinnen wir diesen Faden weiter und denken wir an einen Vortragenden, der eintönig sein „Garn" abspult. Die monotone und farblose Sprechweise ist eines Hypnotiseurs würdig, der eine Menschenmenge in Schlaf versetzen will. Schon nach kurzer Zeit hört kaum noch jemand zu, die meisten Anwesenden beschäftigen sich gedanklich mit völlig anderen Dingen.

Kommt dieser Redner mit seinem Gebetsmühlen- oder Leierkastenvortrag endlich zum Schluss, kehrt anstelle der abstumpfenden Geräuschkulisse wohltuende Ruhe ein. Sofort werden alle Zuhörer

Sprechtechnik

hellwach und erheben sich dank der ihnen vom Redner geschenkten Erholungszeit gestärkt und erfrischt von ihren Plätzen – aber der Vortragende hat sie nicht überzeugt. Er hatte hierzu auch keine Chance: Die Zuhörer konnten sich selbst bei starker Anstrengung bei seinem müden und lustlosen Vortrag nicht konzentrieren. Sie flüchteten in geistige Emigration. Es wurde die Aussage bestätigt: Es gibt keine langweiligen Themen, es gibt aber viele langweilige Vortragende.

Praxis-Tipp:
Lebendig und erfrischend wirkt eine Rede, in der vom Vortragenden alle sprechtechnischen Möglichkeiten genutzt werden, so dass eine abwechslungsreiche Sprachmelodie entsteht.

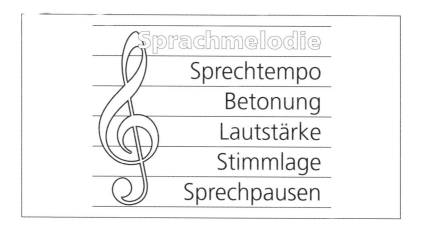

Sprechtempo

Ein kleines Kind, welches bei Dunkelheit ein Wäldchen durchqueren soll, beginnt zu laufen, um schnell eine als gefährlich eingeordnete Situation hinter sich zu bringen. Die gleiche Angst treibt viele ungeübte Redner zu größtmöglichem Sprechtempo. Sie imitieren ein ratterndes Maschinengewehr – von dem Stakkato fühlen sich die Zuhörer schnell abgestoßen. Auch die Angst vor Unterbrechungen mag manchen Redner zu Höchstleistungen im Schnellsprechen antreiben.

Ihre akustischen Wirkungsmöglichkeiten

Gegenüber einem Redner mit angemessener Sprechgeschwindigkeit kann sich der Schnellsprecher zwar einige Augenblicke früher vom Pult entfernen. Dafür ist er selbst fix und fertig und hat zudem seine Zuhörer total überfordert.

Die mit schnellem Sprechen verbundenen Nachteile sind schwerwiegend:

- Der Redner macht auf die Zuhörer einen nervösen und gehetzten Eindruck und lässt unterschwellig ein Fluchtverhalten erkennen. Der Überzeugungscharakter seiner Argumente bleibt auf der Strecke.

- Die Deutlichkeit der Aussprache leidet unter dem hohen Tempo. Der Redner beginnt zu nuscheln und verschluckt Silben, so dass dem Zuhörer Informationen verloren gehen.

- Statt der erforderlichen Betonung bestimmter Aussagen wird alles gleichförmig schnell und ohne Höhen und Tiefen dargestellt. Damit beherrschen Monotonie und Farblosigkeit die Rede.

- Bei eiligem Sprechtempo verkürzen sich die Zeitspannen, die der Redner zum Denken benötigt.

- Für den Redner ist das übereilte Sprechen mit einer größeren Kraftanstrengung verbunden. Es stehen keine Pausen zur Verfügung, die eine kurze Regeneration ermöglichen.

- Da sich die Worte und Sätze beinahe „überschlagen", werden auch unsere Empfehlungen zur Vollatmung (siehe Seite 91 f.) missachtet.

- Die Zuhörer können die sich überstürzenden Gedankengänge des Redners kaum mehr erfassen, geschweige denn sie überdenken und in sich aufnehmen. Rauschen die Worte an den Ohren der Zuhörer vorüber, geht das Publikum den Weg des geringsten Widerstands und schaltet ab.

Auch eine durchgehend geringe Sprechgeschwindigkeit kann auf die Anwesenden „nervtötend" wirken und zu einer harten Belastungsprobe werden. Zum Sprechtempo wird Rednern in einem Leitfaden von Spurgeon eine bildkräftige Ermahnung mit auf den Weg gege-

Sprechtechnik

ben: „Zu langsames Reden ist schrecklich und kann lebhafte Zuhörer ganz nervös machen. Wer kann denn einen Redner anhören, der zwei Kilometer in der Stunde kriecht? Heute ein Wort und morgen eins ist ein Gebratenwerden bei langsamem Feuer, das nur für Märtyrer ein Genuss ist. Aber sehr schnelles Reden, Rennen, Rasen, Toben ist ebenso unverzeihlich. Es kann niemals Eindruck machen, außer vielleicht auf Schwachsinnige, denn anstatt eines geordneten Heeres von Worten kommt ein Pöbelhaufen auf uns zu und der Sinn wird vollständig in einem Meer von Tönen ersäuft."

Praxis-Tipp:
Sprechen Sie eher zu langsam als zu schnell!

Dennoch werden Sie, abhängig vom Redeinhalt, dem Redeverlauf, den Zuhörern, der Stimmung und Ihrem Temperament, Ihre Sprechgeschwindigkeit variieren. Ein langsames und eindringliches Sprechtempo ist beispielsweise angebracht, wenn Sie besonders wichtige Gedanken vortragen. Hingegen setzen Sie ein hohes Sprechtempo ein, um dramatische Entwicklungen aufrüttelnd und emotionalisierend darzustellen. Für die meisten in eher langsamem Sprechtempo vorzutragenden Informationen visieren Sie eine „Richtgeschwindigkeit" von 120 Wörtern pro Minute an.

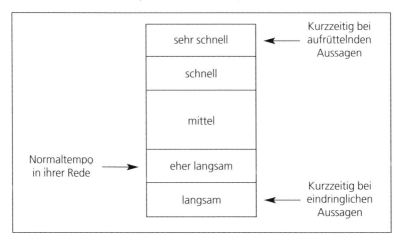

Ihre akustischen Wirkungsmöglichkeiten

Betonung

Betonen heißt, mit angehobener Stimme nachdrücklich zu sprechen. Betonen wir entweder jedes Wort oder gar keines, erzeugen wir – unabhängig von der eingesetzten Lautstärke – Monotonie.

> **Praxis-Tipp:**
> Um Farbe in eine Rede zu bringen, stellen wir regelmäßig nur ein Wort in einem Satz heraus – und zwar das wichtigste Wort. Würden wir in einem Satz ständig mehrere Wörter betonen, könnten die Zuhörer nicht mehr mühelos die besonders bedeutungsvollen Aussagen erkennen.

Diese Empfehlung schließt nicht aus, auch einmal einen ganzen Satz durch Betonung zu verstärken, wenn es sich hierbei um eine besonders wichtige Aussage handelt.

Die vorsätzliche Betonung und gleichzeitig gedehnte Aussprache der Bindewörter „denn", „und", „oder", „aber", „sondern" mit einer anschließenden kurzen Pause und intensivem Blickkontakt verstärkt die Aufnahmebereitschaft der Zuhörer.

Durch die Verschiebung der Betonung in einem Satz können Sie der gesamten Aussage einen anderen Sinn geben:

Gesagt wird:	Gemeint ist:
Mich kümmert nicht, was Sie tun.	Mich persönlich kümmert es wirklich nicht.
Mich **kümmert** nicht, was Sie tun.	Tun Sie gefälligst, was Sie wollen.
Mich kümmert **nicht**, was Sie tun.	Es kümmert mich wirklich nicht.
Mich kümmert nicht, **was** Sie tun.	Suchen sie sich aus, was Sie wollen – aber tun Sie etwas.
Mich kümmert nicht, was **Sie** tun.	Was Sie tun, ist mir egal, was die anderen tun, das interessiert mich.
Mich kümmert nicht, was Sie **tun**.	Ich nehme Anstoß an dem, was Sie nicht tun.
Mich kümmert nicht, was Sie tun.	Raus mit Ihnen, ich will Sie nicht mehr sehen!

Sprechtechnik

Lautstärke

Auf Seite 22 wurde Ihnen empfohlen, die Rede sogleich laut zu beginnen, um die Zuhörer auf sich zu konzentrieren. Sicherlich wäre es ungünstig, die anfängliche Phonzahl über die gesamte Rededauer beizubehalten oder sogar zu verstärken.

Dennoch zwingt sich bei manchen Rednern der Eindruck auf, sie würden die hohe Lautstärke dazu benutzen, schwache Argumente zu kaschieren, um sie vor den Zuhörern zu verbergen. Werden Argumente mit der Gewalt einer Dampframme dargeboten, möchten sich die Zuhörer am liebsten die Ohren zuhalten. Der Geräuschpegel des durchgehend lautstarken Redners ist mit einem tosenden Wasserfall zu vergleichen, der nach einiger Zeit unsere akustische Sensibilität verkümmern lässt.

Aber auch ein leises Sprechen – vergleichbar mit dem kaum vernehmbaren Plätschern eines kleinen Gebirgsbächleins – vermindert unsere Aufmerksamkeit. Fast immer setzen Zuhörer ein ständiges leises Sprechen nach dem Motto „Entschuldigen Sie, dass ich geboren wurde" mit Unsicherheit und schwachem Überzeugungsvermögen des Redners gleich. Mit Fug und Recht empfinden wir bereits nach wenigen Augenblicken eine leise Stimme als Zumutung.

> **Praxis-Tipp:**
>
> Sie sollten Ihre Lautstärke stets dem Inhalt des Gesagten anpassen. Eine Steigerung wird erforderlich, wenn Sie mitreißende Gesichtspunkte vortragen. Achten Sie aber bitte darauf, besonders bedeutsame Stellen bewusst eindringlich und leise zu sprechen. Die Zuhörer lauschen dann gebannt auf das Kommende.

Diese Beobachtung regte den Dramatiker Giraudoux zu dem Hinweis an: „Wer seinen Willen durchsetzen will, muss leise sprechen."

Wenn Sie einen überaus wichtigen Punkt darstellen wollen, gehen Sie folgendermaßen vor:

- Heben Sie die Stimme (die höhere Lautstärke lässt die Zuhörer aufmerksamer werden).

Ihre akustischen Wirkungsmöglichkeiten

- Machen Sie eine kleine Pause, die selbst geistig weggetretene Zuhörer aufschrecken lässt (Vorwirkpause, siehe Seite 103).
- Lassen Sie jetzt Ihren Gedanken leise, aber dennoch gut verständlich folgen.
- Geben Sie mit einer kleinen Nachwirkpause (siehe Seite 103) den Zuhörern Gelegenheit, die soeben vernommene wichtige Information „zu verdauen".
- Setzen Sie anschließend die Rede in einer mittleren Lautstärke fort.

Natürlich dosieren Sie Ihren Stimmeinsatz nach der Raumgröße und einem möglicherweise eingeschalteten Mikrofon. Müssen Sie ohne hilfreiche Technik mit Ihrer Stimme den Raum füllen, achten Sie auf genügend Lautstärke, damit alle Anwesenden von Ihren Worten erreicht werden. Bei Verwendung eines Mikrofons treten Sie an dieses nicht zu nahe heran. Vielmehr nehmen Sie Ihre Stimme bewusst zurück, damit die Zuhörer nicht schon bei Ihren einleitenden Worten wegen einer vermeintlichen Bombendetonation in Deckung gehen.

Das setzt voraus, dass Sie vor der Rede das Mikrofon auf die passende Höhe bringen und den Verstärker richtig aussteuern. Vermeiden Sie das häufig anzutreffende unprofessionelle Hineinpusten – das zu einem fürchterlichen Fauchton ausarten kann, welcher die Zuhörer erstarren lässt –, oder das Zählen von eins bis fünf – diese Aufzählung wäre eher einem Erstklässler angemessen –, oder die „dämliche" Frage an die Zuhörer „Ist das in Ordnung so?"

Stimmlage

Wir können durch zwei Oktaven singen, d. h. fünfzehn verschieden gelagerte Töne von uns geben. Also sollten wir unserer Stimme auch beim Sprechen Höhen und Tiefen geben. Gerade in der Stimme zeigt sich die Wirkung der eigenen Persönlichkeit. Mit der Stimme drücken wir unbewusst unsere Gemütslage aus, in der wir uns gerade befinden.

Sind wir traurig oder enttäuscht, sprechen wir zumeist langsamer, tiefer und leiser. Erlebten wir jedoch etwas Positives, ist ein Jauchzen aus

Sprechtechnik

der Stimme herauszuhören. Dann sprechen wir lauter, schneller und in etwas höherer Stimmlage. Befinden wir uns unter Stresseinwirkung, so verschiebt sich unsere Stimme automatisch um einige Töne nach oben. Was in ausgeglichener Situation noch angenehm und sympathisch klingt, wird nun als schrill, unangenehm oder gar aggressiv empfunden. Oft überträgt sich diese Stimmung auf die Zuhörer, die einen nervösen, gereizten und ärgerlichen Eindruck machen.

Kommt der ungeübte Redner der Empfehlung nach, seinen Vortrag bewusst laut, langsam und ruhig zu beginnen, wird er trotz seiner inneren Unsicherheit zumindest über seine Stimme Sicherheit ausstrahlen. Je tiefer und klingender die Stimme des Redners ist, desto sympathischer und vorteilhafter wirkt der Vortragende. Die Anwesenden sind eher bereit, seinen Aussagen Glauben zu schenken. Der tieferen Stimme gesteht der Zuhörer mehr Kompetenz zu.

> **Praxis-Tipp:**
>
> Im Volksmund heißt es: „Der Ton macht die Musik." Der „richtige Ton" strahlt Wärme und Vertrauen aus – er errichtet eine Kontaktbrücke zwischen dem Redner und seinen Zuhörern. Folglich wird die Zuhörbereitschaft gefördert, der Redner sieht sich einem aufmerksamen Publikum gegenüber.

Auf der anderen Seite haben die Zuhörer eine äußerst sensible Antenne für den „falschen Ton" („Ich kann ihn nicht mehr hören, es läuft mir kalt den Rücken herunter.") Mit dem beispielsweise Desinteresse, Spott oder Ironie signalisiert wird.

Der Dramatiker Bernhard Shaw bemerkte: „Im richtigen Ton kann man alles sagen, im falschen gar nichts. Die Kunst ist es, den richtigen Ton zu treffen."

Sprechpausen

Viele Redner sprechen pausenlos und monoton. Sie haben oftmals nicht die Nerven und den Mut, die Wirkung ihrer Rede durch bewusste und wohldosierte Sprechpausen zu verstärken.

Ihre akustischen Wirkungsmöglichkeiten

> **Praxis-Tipp:**
> Gute Redner erzielen durch das gekonnte Einblenden von Sprechpausen an den richtigen Stellen eine nachhaltige Wirkung.

Neben der durch Pausen signalisierten Ruhe und Sicherheit verschaffen Sie sowohl Ihrem Publikum als auch sich selbst erstrebenswerte Vorteile. Zwölf Argumente sollen Sie überzeugen, künftig Sprechpausen als unverzichtbare rhetorische Stilmittel und taktische Hilfsmittel einzusetzen.

Zwölf verschiedene Arten von Sprechpausen

Denk-Pausen

Die Zuhörer brauchen Zeit, um Ihre Aussagen zu überdenken und zu verdauen. Schriftliche Informationen können nachgelesen werden, wenn sie beim ersten Überfliegen nicht verstanden wurden. Mündliches aber ist einmalig und muss sogleich vom Nachrichtenempfänger aufgenommen und verstanden werden. Nach guter Vorbereitung wissen Sie genau, welche Gesichtspunkte Sie Ihrem Publikum darlegen wollen. Schließlich haben Sie alle Fakten sorgfältig zusammengetragen, die für Ihre Meinung sprechen.

Für den Zuhörer sind Ihre Argumente möglicherweise unbekannt und überraschend. Er muss dieses „Neuland" erst betreten und sich mit ihm vertraut machen. Enthalten Sie ihm dabei eine kleine Pause vor, wird Ihr Vortrag geistig zu schwer. Das Resultat: Viele Anwesende weigern sich, Ihnen zuzuhören. Lassen Sie dem Zuhörer also etwas Zeit – gönnen Sie ihm zum Überdenken Ihrer Ausführungen Denk-Pausen.

Weck-Pausen

Mancher Zuhörer hängt Tagträumereien nach: Sein Körper ist zwar anwesend, der Geist hat den Raum aber längst verlassen. Dieser geistig weggetretene Zuhörer wird durch die plötzliche Stille aufgeschreckt und wieder in die Realität zurückgerufen.

Sprechtechnik

Struktur-Pausen

Je nach Bedeutung Ihrer Aussage planen Sie unterschiedlich lange Pausen ein. Mit Ihren bewusst eingesetzten Pausen stellen Sie Satzzeichen, neue Gedankengänge, Absätze und Redeabschnitte dar und strukturieren Ihre Rede:

Komma	= kurze Pause
Punkt	= mittlere Pause (vorher Stimme senken)
Ausrufungszeichen	= längere Pause
Fragezeichen	= lange Pause
Redeabschnitt	= längere bis lange Pause

Vorwirk-Pausen

Wollen Sie einen Höhepunkt oder besonders bedeutungsvolle Aussagen darstellen, heben Sie zunächst die Stimme und setzen dann die Pause. Bevor Sie Ihre Glanzlichter bringen, wecken Sie durch die Sprechpause Spannung und Interesse und erzielen ein hohes Maß an Aufmerksamkeit.

Nachwirk-Pausen

Nach einer wichtigen Aussage muss eine Pause folgen, damit es in den Köpfen der Zuhörer klick-klick-klick machen und sich der erwünschte Nickeffekt einstellen kann.

Atem-Pausen

Während des Sprechens können Sie immer wieder kleine Mengen Luft einatmen. Tiefatmung ermöglicht uns hingegen nur die Sprechpause. Wie angenehm wird ein zwei- oder dreimaliges tiefes Durchatmen empfunden. Diese gelegentliche Sauerstoffdusche hält uns fit und macht uns munter. Uns kann die Luft nicht ausgehen, denn wir tanken in den Pausen ausreichend Treibstoff für unsere Worte.

Ihre akustischen Wirkungsmöglichkeiten

Erholungs-Pausen

Sprechpausen nutzen Sie dazu, Ihre „Batterien" zu laden. Ohne Energiezufuhr können Sie auch bei guter körperlicher Verfassung schwerlich über eine längere Zeit hinweg klar, deutlich und überzeugend senden. Verschaffen Sie Ihrem physisch und psychisch angestrengten Organismus hin und wieder Erholungs-Pausen.

Beobachtungs-Pausen

Zwar werden Sie während Ihrer Ausführungen immer auf einen intensiven Blickkontakt zu Ihren Zuhörern achten. Eine bewusste Beobachtung eines oder mehrerer Zuhörer ist aber erst während einer Sprechpause möglich. Nun können Sie registrieren, ob Ihre Ausführungen ankommen, angenommen werden oder auf Ablehnung stoßen. Böse Zungen behaupten, diese Pause sei wichtig, um rechtzeitig vor heranfliegenden Tomaten, Eiern oder sonstigen Wurfgeschossen in Deckung gehen zu können.

Formulierungs-Pausen

In einer Sprechpause können Sie sich die folgende Aussage genau überlegen und den begonnenen Redeabschnitt gedanklich vervollständigen. Es leuchtet gewiss ein, dass sich Ihre Überzeugungskraft mit der Wahl treffender Begriffe, Beispiele und Gleichnisse erhöht. Unter Berücksichtigung der jeweiligen Situation (einen Gedanken bei offensichtlichem Interesse der Zuhörer ausbauen, einen anderen Gesichtspunkt bei erkennbarem Desinteresse abkürzen) nutzen Sie die Sprechpausen als Formulierungs-Pausen.

Überbrückungs-Pausen

Auch geübten Rednern passiert es hin und wieder, dass unverhofft der Faden reißt. Wurde bisher flüssig und ohne längere Pausen gesprochen, entsteht plötzlich durch das Steckenbleiben eine Zwangspause. Die Zuhörer erkennen sofort, dass dem Redner der nächste Gesichtspunkt nicht spontan einfällt. Hat der Vortragende aber immer wieder bewusst Sprechpausen eingestreut, wird eine Zwangspause vom Publikum nicht als solche wahrgenommen. Sie haben in der Pause

Sprechtechnik

Gelegenheit, auf Ihren Stichwortzettel zu blicken oder mit anderen „Überlebensstrategien" (siehe Seite 161) die Situation zu meistern. Auch sonstige Verlegenheitsmomente werden Sie besser überstehen mit Überbrückungs-Pausen.

Produzier-Pausen

Insbesondere bei Stegreifreden (siehe Seite 67) sind Sprechpausen dringend anzuraten. Wegen fehlender Vorbereitung müssen Ihnen während der Rede gute Einfälle kommen. Bewusst eingeblendete Pausen geben Ihnen die Chance, Ihre Konzentration zu erhöhen, den nächsten Gedanken zu finden und ihn kurz zu überdenken.

Beifall-Pausen

Das Publikum dankt dem Redner für gute Leistungen mit Beifall. Mit diesem Feedback signalisiert es ihm, dass er sich auf dem richtigen Weg befindet. Die durch den Applaus erzwungene Pause nutzen Sie als Erhol-, Atem-, Beobachtungs- und Formulierungs-Pause.

Allerdings warten Sie mit Ihren folgenden Formulierungen nicht, bis der letzte klatschende Zuhörer verlegen seine Aktivitäten abstoppt, sondern sprechen in den abschwellenden Beifall hinein. Da Sie nicht als drittklassiger Alleinunterhalter auftreten wollen, setzen Sie keine peinlichen Pausen, um den müden Beifall des Publikums hervorzulocken. Akzeptieren wir Goethes Feststellung: „Beifall lässt sich, wie Gegenliebe, wünschen, nicht erzwingen."

Aussprache

Treffender als Quintilianus kann man die Wirkung einer schlechten Aussprache kaum beschreiben: „Was ein Ohr beleidigt, vermag in die Seele des Menschen nicht einzudringen."

> **Praxis-Tipp:**
> Alles, was sich aussprechen lässt, lässt sich auch klar und deutlich aussprechen.

Ihre akustischen Wirkungsmöglichkeiten

Aber Hand aufs Herz: Halten Sie sich ständig an diesen Grundsatz? Oder kommen auch bei Ihnen Nachlässigkeiten vor wie z. B.:

- Undeutliches Sprechen bis hin zum Gemurmel
- Nuscheln oder „Durch-die-Zähne-Sprechen"
- Verschlucken von Endsilben
- Häufiges gewohnheitsmäßiges Räuspern oder Hüsteln
- Intensive Verwendung von Verlegenheits- und Fülllauten
- Unpassender „breiter" Dialekt

Je nachlässiger der Redner in seiner Aussprache wirkt, desto geringer scheint sein Interesse an seinem Thema und seinen Zuhörern zu sein. Die geschilderten Sprechunarten sind nicht nur unhöflich, sondern sie provozieren beim Publikum ungewünschte Reaktionen, wie Ermüdung, Antipathie und Widerspruch. Die Zuhörer sind ungehalten und unwillig, weil sie viel Energie aufbringen müssen, um trotz der unsauberen Aussagen akustisch alles korrekt aufzunehmen.

Generell verbessern wir die Qualität unserer Aussprache schon dadurch, dass wir die vorangegangenen Ausführungen zur Atmung, zum Sprechtempo, zur Betonung, zur Stimmlage und zur Pausentechnik beherzigen.

> **Praxis-Tipp:**
>
> Der größte Feind guter Aussprache ist ein überhöhtes Sprechtempo. Aus „und Mut" wird allzu leicht „Unmut", aus „und Lust" „Unlust". Vermindern wir eine überhöhte Sprechgeschwindigkeit, so gewinnen wir die erforderliche Zeit für eine saubere Aussprache.

„Sprecherziehung"

Jede gut sortierte Buchhandlung kann Publikationen (teilweise mit CD) zur Sprecherziehung anbieten; wir konzentrieren uns auf einige wesentliche Grundsätze:

Sprechtechnik

- Aktivieren Sie Ihre äußeren Sprechwerkzeuge, indem Sie darauf achten, dass sich die Zunge möglichst weit vorn im Mund bewegt, die Lippen erkennbar in Aktion treten und der Unterkiefer sich stärker nach oben und unten bewegt. Damit trainieren Sie kein Grimassenschneiden, sondern Ihr Gesicht beginnt – unterstützt durch Mimik – zu leben.

- Beim Aussprechen der Vokale (Selbstlaute) achten wir auf die richtige Mundstellung:
  – A – Ä – AU = Mund weit geöffnet:
  „Was war, was da am Land geschah?"
  „Blaue Tauben auf dem Haus."
  – O – U – Ü – EU – Ö = Mund rund geöffnet:
  „Ein Uhu flucht und ruft."
  „Rüste frühe, sonst brüllen die Kühe."
  – E – I – EI – AI = Mund breit geöffnet:
  „Er weichet keinem Feinde."
  „Seliger denn nehmen ist geben."
  Dehnen wir die Vokale ein klein wenig mehr, klingt dies besser und lässt die Stimme kräftiger wirken.

- Für den Zuhörer treten Unterscheidungsschwierigkeiten auf, wenn weiche und harte Konsonanten (Mitlaute) nicht exakt voneinander unterschieden werden: Das harte T wird wie ein weiches D gesprochen, das weiche B lässt sich kaum vom P unterscheiden (das P wird richtigerweise so hart ausgesprochen, dass die Backen auseinanderplatzen) und zwischen dem weichen G und dem wesentlich härteren K sind kaum mehr Unterschiede zu erkennen.

- Da die Verbesserung der Aussprache sich spielerisch leichter und besser lernt, lassen Sie sich zu einigen kleinen Übungen zur Verbesserung Ihrer „Mundgymnastik" einladen. Sprechen Sie bitte laut und langsam nach:

  – Es gibt nicht soviel Tag im Jahr, als heut der Fuchs am Schwanz hat Haar.

  – Die Katze tritt die Treppe krumm, die Treppe tritt die Katze krumm.

Ihre akustischen Wirkungsmöglichkeiten

- Brauchbare Bierbrauerburschen brauen brausendes Braunbier (ein Bayer „schwelgt" für einen Norddeutschen fast nicht nachvollziehbar mit dem rollenden R).
- Wenn der Benz bremst, brennt das blendende Benz-Bremslicht.
- Granat und Krebse krabbeln in dem großen Korb.
- Poren plagen Base Paula auf beiden Popobacken.
- Es saßen zwei zischende Schlangen zwischen zwei spitzen Steinen und zischten sich zuweilen an.
- Bernd treibt mit Bedacht die Sache auf den Höhepunkt.
- Die Vernunft drängt mich, auszusagen.
- Ein krummköpfiges, kürbisgroßes, grasgrünes, grantiges und grummelndes Karnickelgesicht.
- Wenn Schnecken an Schnecken schlecken, merken Schnecken zu ihrem Schrecken, dass Schnecken nicht schmecken.

Mit besonders „inhaltsschweren" Füll- oder Verlegenheitslauten der Marken „ähh", „nicht wahr", „woll", „mmm", „nich", „denn da", „stimmts" strapazieren Redner maßlos die Nerven der Anwesenden. Treten diese Füllseufzer schon nach kurzer Zeit sehr massiv auf, empfindet sie der aufmerksame Zuhörer schon fast körperlich schmerzend. Ist z. B. das „ähh" oder das „ähäm" die häufigste Aussage des Redners, darf er nicht erstaunt sein, wenn Zuhörer Wetten über die Häufigkeit dieser Verlegenheitslaute abschließen und sich fortan nur noch mit dem Zählen dieser überflüssigen sprachlichen Nachlässigkeiten beschäftigen.

Das beste Mittel zum Abbau von Verlegenheitslauten besteht darin, sich von wohlmeinenden Mitmenschen verbessern zu lassen. Sobald Sie wieder ein Füllwort gebracht haben, schallt Ihnen das ungewollte und ungeliebte akustische Verlegenheitssignal als Echo zurück.

Mancher Leser wird ein mundartlich eingefärbtes Hochdeutsch sprechen und deshalb Bedenken vor Redeauftritten haben. Vorbehalte sind hier nicht angebracht. Selbst bei offiziellen Anlässen können Sie eine Rede halten, weil dem Dialekt entstammende Beiklänge – also eine landsmannschaftlich geprägte Spracheinfärbung – einem Redner eine persönliche Ausstrahlung geben und den Charme einer Persönlichkeit und sein unverwechselbares Markenzeichen ausmachen.

4. So verbessern Sie Ihre akustischen Wirkungsmöglichkeiten

Nutzen Sie ein Tonbandgerät

Ein Tonbandgerät ist ein hervorragendes Trainingsinstrument. Mit ihm können Sie eine klare, saubere und verständliche Aussprache üben. Dass Sie hierbei auf richtiges Atmen und eine wirkungsvolle Sprachmelodie achten, braucht nicht extra betont zu werden.

Üben Sie Ihre Aussprache beim Vorlesen

Lesen Sie kleinen Kindern Märchen vor. Wenn Sie dabei mit Ihrer Stimme zu „spielen" beginnen (der Riese hat eine tiefe und laute Stimme, eine Libelle wispert, eine Fee spricht warm und gewinnend usw.), haben Sie überaus aufmerksame und dankbare Zuhörer. Vielleicht denken Sie sehnsüchtig und etwas wehmütig an die Zeit Ihrer frühen Kindheit zurück, als Ihnen Gutenachtgeschichten vorgelesen wurden. Auch in unserer Zeit wissen es kleine Kinder zu schätzen, wenn man ihnen auf diese Weise Zuneigung zeigt. Und für Sie springt als „Nebeneffekt" eine Verbesserung Ihrer sprechtechnischen Entfaltungsmöglichkeiten heraus.

Tragen Sie Gedichte vor

Alles Besprochene können Sie sehr gut beim Vortragen von Gedichten üben. Versuchen Sie doch gleich, quasi als Belohnung und Erholung für bisheriges Mitarbeiten, die folgenden fünf Gedichte sprechtechnisch eindrucksvoll vorzutragen.

Ihre akustischen Wirkungsmöglichkeiten

An der Schwelle des Hauses

In den Dünen sitzen.
Nichts fühlen als Wärme.
Nichts sehen als Sonne.
Nichts hören als Brandung.
Zwischen zwei Herzschlägen glauben:
Nun ist Frieden.

Günter Kunert

Setzen Sie hier eine extreme Zeitlupe zwischen den Zeilen ein und lassen Sie die drei letzten Wörter leise und langsam ausklingen, ist Ihnen die beabsichtigte Wirkung sicher.

Nutzlose Qual

Ein Mensch hat eines Nachts geträumt
Er habe seinen Zug versäumt,
Und er wacht auf mit irrem Schrei –
Jedoch es ist erst viertelzwei.
Der Schlaf löst die verschreckten Glieder,
Doch sieh, da plötzlich träumts ihm wieder,
Und er wacht auf mit irrem Schrei –
Jedoch es ist erst vierteldrei.
Er schmiegt sich wieder in die Kissen,
Da wird aufs neu sein Schlaf zerrissen.
Der Schrei ertönt, der Mensch erwacht –
Und diesmal ist es viertelacht.
Der Zug jedoch pflegt abzugehn
Tagtäglich pünktlich sieben Uhr zehn.
Moral: Was nützt der schönste Schrecken,
Kann er zur rechten Zeit nicht wecken …

Eugen Roth

Konnten Sie akustisch die drei Schreie herausarbeiten und die beiden letzten Zeilen fragend und augenzwinkernd darstellen? Gelang es

So verbessern Sie Ihre akustischen Wirkungsmöglichkeiten

Ihnen, einen Wortfluss zu erzeugen, um das abgehackte Vortragen der einzelnen Zeilen zu vermeiden?

Wonach du sehnlichst ausgeschaut,
Es wurde dir beschieden.
Du triumphierst und jubelst laut:
„Jetzt hab' ich endlich Frieden!"
Ach, Freundchen, rede nicht so wild.
Bezähme deine Zunge.
Ein jeder Wunsch, wenn er erfüllt,
Kriegt augenblicklich Junge.

Wilhelm Busch

Hier konnten Sie Lautstärke und Betonung sehr variabel einsetzen.

Mondnacht

Es war, als hätt der Himmel
Die Erde still geküsst,
Dass sie im Blütenschimmer
Von ihm nun träumen müsst.

Die Luft ging durch die Felder,
die Ähren wogten sacht,
Es rauschten leis die Wälder,
So sternklar war die Nacht.

Und meine Seele spannte
Weit ihre Flügel aus,
Flog durch die stillen Lande,
Als flöge sie nach Haus.

Joseph Freiherr von Eichendorff

Verliehen Sie diesen romantischen Zeilen mit Ihrer Stimme Ausdruck und Wirkung?

Ihre akustischen Wirkungsmöglichkeiten

Lektion
Immer, wenn ich aufgeregt bin
sagt sie: Sei nicht so nervös.
Wenn ich wütend bin: Reiß dich
zusammen. Wenn ich mich freue:
Red nicht so laut, dein Sohn
schläft nebenan.

Und dann bin ich ruhig
und sage auch nichts
wenn sie mich fragt
warum ich so wenig rede.

Lutz Rathenow

Beide Teile des Gedichts unterscheiden sich sprechtechnisch durch Ihre differenziert eingesetzte Lautstärke.

> **Praxis-Tipp:**
>
> Sie erzeugen Dynamik statt Monotonie durch:
>
> - Wechsel des Sprechtempos (mal gemessen, mal etwas schneller, jedoch niemals zu schnell)
> - Wechsel der Lautstärke (mal leise, mal kräftig, mal lautstark, jedoch nie zu leise)
> - Wechsel der Stimmlage (mal tiefere Töne, mal höhere Töne, jedoch keinesfalls durchgehend schrill)
> - Wechsel der Pausenlänge (mal kurz, mal mittel, mal länger, mal lang)

Beherzigen Sie unsere sprechtechnischen Ratschläge, sprechen Sie dynamisch – die Zuhörer danken es Ihnen durch Aufmerksamkeit.

Verbinden Sie eine gekonnte Sprechtechnik mit Ihren überzeugenden Aussagen und fügen Sie Ihre lebendige Gestik und Mimik mit dem erforderlichen Blickkontakt hinzu: Erfüllen Sie die Forderung von Cicero, des Altmeisters der Rhetorik: „Ein Vortrag muss so sein, dass er belebt, dass er das Herz bewegt und zum Handeln antreibt."

Ihr Redestil muss zum Zuhören einladen

7

1. Sprechen Sie Gefühle an 115

2. Ihre Sprache muss für alle Zuhörer verständlich sein 117

3. Ihre Rede ist keine „Schreibe" . . . 119

4. Sprechen Sie frei 120

5. Vermeiden Sie Weitschweifigkeit . 122

6. Bevorzugen Sie Aktiv-Formen 124

7. Hauptsätze formulieren, Nebensätze reduzieren 125

8. Verwenden Sie mehr Tätigkeitswörter 126

9. Achten Sie auf bildhaftes Sprechen 128

10. Vermeiden Sie „Weichmacher" . . 131

11. Modewörter besser streichen 133

12. Wie sollten Sie mit Fremdwörtern
    umgehen? 134

13. Vergessen Sie nicht,
    Wichtiges zu wiederholen 136

14. Erweitern Sie Ihren
    aktiven Wortschatz 137

15. Verwenden Sie
    rhetorische Fragen 139

16. Beziehen Sie Ihre Zuhörer
    in Ihre Rede ein 141

1. Sprechen Sie Gefühle an

Wollen Sie in einer Rede sämtliche Einwirkungsmöglichkeiten auf Ihre Mitmenschen ausschöpfen, sind Sie gut beraten, zusätzlich zu vernunftorientierten Aussagen auch die emotionale Ebene Ihrer Zuhörer „in den Griff" zu bekommen. Hier werden manche Leser fragen, ob das Ansprechen der Gefühle so wichtig ist. Der Mensch wird doch als Verstandeswesen eingeordnet, das sich den Erdball untertan gemacht hat und sich anschickt, auch den Weltraum zu erobern.

Die Annahme, der Mensch lasse bei seinen Entscheidungen und seinem Verhalten im Wesentlichen seine Vernunft bestimmen, lässt sich nicht aufrechterhalten. Schon Sigmund Freud bezeichnete den Menschen als emotionales Wesen. Das Verhältnis von Vernunft und Gefühl stellte er am Beispiel eines Eisbergs dar:

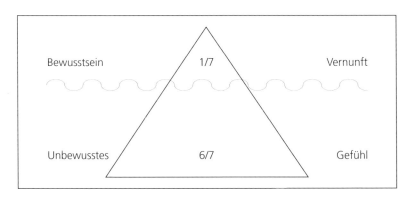

Ein Siebtel der Entscheidungen wird vom Verstand gesteuert, während sechs Siebtel von Emotionen gelenkt werden. Gefühle greifen dem Verstand immer wieder ins Steuer und beeinflussen unser Denken und Handeln weitaus intensiver, als wir uns dessen bewusst sind. Bei genauer Betrachtung spielt der Verstand bei unseren Zuhörern – und natürlich auch bei uns selbst – nur eine untergeordnete Rolle. Hierauf wies schon vor mehr als 300 Jahren der französische Philosoph Blaise Pascal hin: „Das Herz hat seine Gründe, welche die Vernunft nicht kennt."

Ihr Redestil muss zum Zuhören einladen

Es bestehen eindeutige Zusammenhänge zwischen der Fähigkeit zur Aufnahme von Informationen und der Art der gefühlsmäßigen Beeinflussung.

Gefühlsneutrale Aussagen prägen sich am schlechtesten ein:

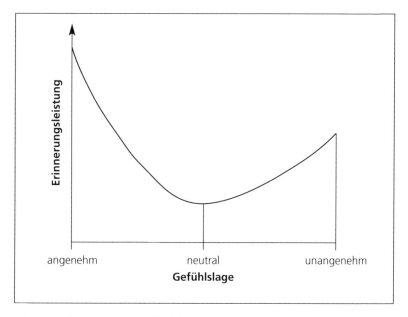

Die Beeinflussung der Gefühlslage Ihrer Zuhörer gelingt Ihnen besonders, wenn Sie von sich einen positiven Eindruck vermitteln, bildhaft sprechen, indem Sie Gleichnisse, Beispiele und Anekdoten bringen und Ihre Gedanken auch visuell attraktiv darstellen (siehe Seite 145).

Um bei den Zuhörern die beabsichtigte Wirkung zu erzielen, ist auch ein verständlicher, klarer und eindeutiger Vortrag erforderlich. Es kommt nicht auf untadelige Formulierungen oder einen offiziell-amtlichen Stil an – entscheidend ist, dass die Zuhörer sogleich verstehen, was Sie meinen. Muss Ihr Publikum schwer verständliche Aussagen erst einmal in Umgangssprache übersetzen, „kommt es nicht mehr mit" und verliert das Interesse an Ihren Informationen.

Ihr Redestil muss so einladend wirken, dass Ihnen interessiert und aufmerksam zugehört wird. Erst dann werden Informationen vom

20-Sekunden-Gedächtnis (Ultrakurzzeit-Gedächtnis) als wertvoll eingestuft, an das 20-Minuten-Gedächtnis (Kurzzeit-Gedächtnis) weitergereicht, um schließlich im Dauer-Gedächtnis (Langzeit-Gedächtnis) gespeichert zu werden.

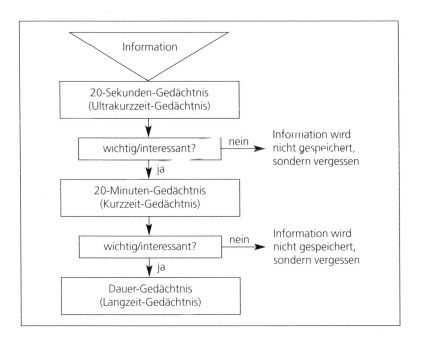

Selbst wenn Sie überzeugt sind, einen passablen Redestil zu praktizieren, sollten Sie sich mit den folgenden Hinweisen in diesem Kapitel vertraut machen. Vermutlich gibt es bei Ihnen doch noch Verbesserungsmöglichkeiten, nach dem Motto: Das Bessere ist der Feind des Guten.

2. Ihre Sprache muss für alle Zuhörer verständlich sein

Interessante Forschungsergebnisse veröffentlichte der englische Sprachwissenschaftler Basil Bernstein. Er stellte fest, dass Angehörige der sozialen Mittelschicht grundsätzlich anders sprechen als Personen, die

Ihr Redestil muss zum Zuhören einladen

der sozialen Unterschicht angehören. Obwohl alle gemeinsam die gleiche Muttersprache sprechen, bevorzugen die zur sozialen Mittelschicht zu rechnenden Menschen einen ausführlichen (elaborierten, hoch entwickelten, erweiterten) Sprachcode, während alle anderen einen eingeschränkten (restringierten) Sprachcode verwenden.

Eingeschränkter Sprachcode	Ausführlicher Sprachcode
- Kurze, grammatisch einfache Sätze	- Häufig lange und grammatisch komplexe Sätze
- Viele Hauptsätze, seltener Gebrauch von Nebensätzen	- Komplizierte Wortwahl, dabei differenzierte Verwendung von Eigenschafts- und Umstandswörtern sowie häufiger Einsatz von Verhältniswörtern
- Wortschatz stammt aus der konkreten Lebensbewältigung	
- Bildhafte Sprache	
- Häufige Verwendung kurzer Befehle und Fragen	- Streng logische Argumentation
- Häufiger Gebrauch von Bindewörtern wie „so", „dann", „weil", „und"	

Praxis-Tipp:

Wollen Sie sichergehen, von allen Anwesenden verstanden zu werden, wählen Sie den eingeschränkten Sprachcode.

Der erweitert Sprechende beherrscht sehr wohl die Fähigkeit, den eingeschränkten Sprachcode zu verstehen. Würden Sie umgekehrt den ausführlichen Sprachcode in Ihrer Rede bevorzugen, könnte der Verwender des eingeschränkten Sprachcodes zwar jedes Wort und jeden Satz verstehen, nicht aber den Sinn der Rede.

3. Ihre Rede ist keine „Schreibe"

Gesprochene und geschriebene Texte weichen voneinander ab, weil beide eigenen Regeln folgen.

Redestil	Schreibstil
Zuhörer haben den Redner vor sich, der durch Inhalt und Vortrag Wirkung erzielt (Gestik, Mimik, sprechtechnische Aspekte = Persönlichkeit, Ausstrahlung).	Leser sind mit dem geschriebenen Text allein. Dieser wirkt durch Inhalt und drucktechnische Hervorhebungen.
Der vorgetragene Text wirkt über Ohr und Auge.	Der Text wirkt nur über das Auge.
Nur die wesentlichen Tatsachen und Gedanken werden vermittelt.	Sachverhalt wird vollständig und abgerundet dargestellt.
Eine Rede ist für den Augenblick geschaffen und einmalig („hier und jetzt").	Ein Schriftstück kann jederzeit erneut gelesen werden.
Variationen sind möglich, da regelmäßig nur ein Stichwortzettel bereitliegt.	Der Text ist wörtlich festgelegt.
Redesätze sind vorzugsweise kurz und übersichtlich.	Schreibsätze sind stilistisch ausgefeilt und möglichst untadelig formuliert.
Der Inhalt muss sofort klar und verständlich sein.	Unklarer Text kann beliebig oft gelesen und in Ruhe überdacht werden.
Wiederholungen und Zusammenfassungen sind günstig, da nicht nachgeschlagen werden kann.	Weniger Wiederholungen und Zusammenfassungen sind sinnvoll, da nachgeschlagen werden kann.
Die Zuhörerschaft ist an der Gestaltung mitbeteiligt (Antwort auf die Frage „Zu wem?" – Seite 26 – lässt uns vermutete Schwerpunkte setzen).	Der Leserkreis ist unbekannt und wirkt kaum mitbestimmend auf Stil und Inhalt.

Ihr Redestil muss zum Zuhören einladen

Vermutlich erkennen Sie die reicheren Ausdrucksmittel des Redners, mit denen Aussagen eindrucksvoller darstellbar sind als durch Geschriebenes. Da Gesprochenes unmittelbarer und schneller ist, können wir uns allerdings weitaus leichter den Mund als die Hand verbrennen.

4. Sprechen Sie frei

Mit welchem Recht erwartet ein Redner von seinem Publikum, dass es sich seine Aussagen merkt, wenn er offensichtlich selbst nicht dazu imstande ist? Klebt der Redner ständig an seinem Papier, sind Kommentare wie die nachfolgenden unausweichlich:

„Er hätte besser Ableser bei einem Engergieversorgungsunternehmen werden sollen."

„Was sitze ich hier herum und nehme auch noch den Weg auf mich. Das hätte er mir auch zuschicken können."

„Wieder ein armer Tropf, der die Erfindung der Buchdruckerkunst verschlafen hat."

> **Praxis-Tipp:**
> Verwenden Sie anstelle eines Wortmanuskripts einen systematischen Stichwortzettel (siehe Seite 38), dann setzen Sie sich ähnlich abwertenden Beurteilungen nicht aus. Sie können dann viel eher frei, lebendig und überzeugend Ihre Gedanken „rüberbringen".

Ausnahmsweise ist ein Ablesen förderlich, wenn Sie Ihre Meinung beispielsweise durch das Vorlesen einiger Sätze aus einer Fachzeitschrift oder eines Artikels aus dem Grundgesetz verstärken wollen (siehe Seite 65 – Vorlesetechnik). Dann nehmen Sie Ihre Informationsquelle sichtbar in die Hand und lesen die kurze Passage ab – vorausgesetzt, Ihre Hand zittert vor Aufregung nicht wie Espenlaub, was sich sofort auf den Gegenstand in Ihrer Hand übertragen würde. Sie könnten zwar die zwei, drei Sätze auswendig vortragen, würden dann aber weniger überzeugend wirken („Ob das auch stimmt, was er uns als Teil des Grundgesetzes verkaufen will?").

Sprechen Sie frei

Auswendig lernen ist tabu!

Um nicht vorlesen zu müssen, lernen manche Menschen ihre Rede auswendig. Besonders aus zwei Gründen muss diese Vorgehensweise abgelehnt werden:

1. Erinnern Sie sich noch an Ihre Schulzeit, als auswendig gelernte Gedichte vorzutragen waren? Kam der Schüler ins Stocken oder ging der rote Faden verloren, begannen unheilvolle Augenblicke. Ähnliche Erfahrungen sammelt der Redner, der seinen Vortrag auswendig gelernt hat und während des eher mechanischen Abspulens stecken bleibt. Er findet den Anschluss nicht mehr und gerät völlig durcheinander. Für ihn gibt es vor der Blamage kein Entrinnen – es sei denn, er sucht sein Heil in der Flucht.

2. Mechanisches Einpauken ist selten die richtige Methode zur Vorbereitung einer Rede. Erwachsene haben Schwierigkeiten beim Auswendiglernen, während Kinder und Jugendliche nach wenigen Durchgängen erstaunliche Erfolge verbuchen können. Versuchen Sie nicht, mit einem Zwölfjährigen zu konkurrieren. Sie müssen dabei zwangsläufig verlieren. Dies darf für Sie kein Grund sein, an Ihren grauen Zellen zu zweifeln oder gar zu resignieren. Tatsächlich beginnt etwa ab dem 15. Lebensjahr die Fähigkeit des schnellen Auswendiglernens kontinuierlich schlechter zu werden. An die Stelle des trainierten Lernens junger Menschen tritt immer mehr das strukturierte Lernen der Erwachsenen. Neues Wissen wird sinnvoll in bereits vorhandene Strukturen (Wissen, Lebenserfahrungen) eingeordnet.

Im Zusammenhang mit dem Schluss Ihrer Rede wurde empfohlen, die wichtigen Schlusssätze Ihrer Rede notfalls auswendig zu lernen, um sich hier nicht noch Minuspunkte einzuhandeln. Dies soll als einzige Ausnahme zu dem Grundsatz gelten, unsere Rede nicht auswendig zu lernen, sondern frei nach unserem Stichwortzettel vorzutragen

5. Vermeiden Sie Weitschweifigkeit

> **Beispiel:**
>
> Ein Negativ-Beispiel zu weitschweifigem (redundantem) Sprechen liefert Friedemann Schulz von Thun in seinem Buch „Miteinander reden": Gestatten Sie, dass ich mich Ihnen vorstelle. Mein Name ist „Weitschweifigkeit". Mit meinem Namen sind meine Eigenschaften, also diejenigen Merkmale, an denen man mich erkennen kann, schon angedeutet: Ich liebe es, viele Worte zu machen, oder andersherum ausgedrückt: Ich hasse es, mich kurz zu fassen und mich auf das Allerwichtigste zu beschränken. Oft hole ich weit aus und erkläre die Sache überaus ausführlich und umständlich. Obwohl man mit wenigen Sätzen alles Wichtige hätte sagen können. Manchmal schweife ich auch vom Thema ab oder berühre viele Nebensächlichkeiten. Wenn ich erst einmal richtig in Fahrt komme, dann gerate ich „vom Hundertsten ins Tausendste". Ich benutze also zwei Möglichkeiten, weitschweifig zu sein: Einmal die sprachliche Weitschweifigkeit (ein und dasselbe mit verschiedenen Worten wiederholen und „breittreten"), und zum anderen die inhaltliche Weitschweifigkeit (auf Nebensächliches kommen, weit ausholen und alles sehr ausführlich bringen).

Die Weitschweifigkeit – weniger vornehm als Geschwätzigkeit bezeichnet – ist eines der größten Probleme in der Kommunikation. Mancher Redner legt seine Gedanken bis ins letzte Detail dar und will damit beweisen, dass er seine Sache sehr ernst nimmt, gründlich und gewissenhaft vorbereitet ist sowie Kompetenz besitzt. Wird dieses „Zeigen-was-ich-weiß"-Syndrom aber von den Zuhörern honoriert?

Wie würden Sie bei langen und sehr ausführlichen Informationen reagieren, bei denen schließlich vor lauter Bäumen der Wald nicht mehr zu sehen wäre? Möglicherweise würden Sie bald ermüden, sich überfordert fühlen, abschalten und sich schließlich langweilen. Mit einer bis in die letzten Einzelheiten gehenden Rede haben schon viele wohlmeinende Vortragende diese bitteren Erfahrungen sammeln müssen.

Noch fataler wird die Situation, wenn der Redner nach der Devise „Viele Worte – wenig Sinn" handelt.

Vermeiden Sie Weitschweifigkeit

Beispiel:

Ein Beispiel für eine derartige Rede – überschrieben als „Rohentwurf für eine Allzweck-Rede" – ist dem Buch „Das Peter-Prinzip" von Peter und Hull entnommen:

„Meine Damen und/oder Herren,
in diesen unruhigen Zeiten ist es mir eine Ehre, zu Ihnen über die so bedeutsame Angelegenheit zu sprechen. Es handelt sich um einen Bereich, in dem großartige Fortschritte erzielt wurden. Wir sind natürlich – und zu Recht – auf die auf unserem Gebiet erzielten Erfolge stolz. Doch wir müssen auch an jene Persönlichkeiten und Gruppen denken, die, in größerem Zusammenhang gesehen, so Außergewöhnliches dazu beigetragen haben, sei es im regionalen, nationalen und – darf ich es sagen? – im internationalen Rahmen.

Wir sollten die Wunder, die durch persönlichen Einsatz, Entschlussfreudigkeit und Beharrlichkeit verwirklicht werden können, niemals unterschätzen. Doch ich glaube, es wäre vermessen, wenn wir erwarten wollten, dass wir die Probleme, mit denen die besten Köpfe der verflossenen und gegenwärtigen Generation vergeblich gerungen haben, kurzerhand lösen könnten. Lassen Sie mich zusammenfassend meine Haltung wertfrei, aber auch unmissverständlich darlegen. Ich unterstütze den Fortschritt; ich wünsche den Fortschritt; ich hoffe, den Fortschritt zu erleben! Doch was ich verlange, ist ein echter Fortschritt, nicht eine bloße Veränderungssucht um der Veränderung willen. Meine Freunde, dieser tatsächliche Fortschritt wird nach meiner Meinung nur dann verwirklicht, wenn und solange wir uns innerlich unverbrüchlich unserem großen geschichtlichen Erbe verpflichtet fühlen, diesen großen Traditionen, auf denen jetzt und für immer unsere wahre Stärke beruht."

Berieselt uns ein Redner längere Zeit mit diesen inhaltlichen Worthülsen, so können wir den Bericht eines Teilnehmers über einen Vortrag verstehen: „Der Vortrag begann um 20 Uhr. Als ich gegen 23 Uhr auf meine Uhr schaute, war es erst 20.30 Uhr." Ein schlechtes Zeichen ist es, wenn die Zuhörer während einer Rede auf ihre Uhr sehen. Deprimierend ist es aber, wenn die Uhr zur Überprüfung an das Ohr gehalten wird, ob sie stehen geblieben ist.

Praxis-Tipp:

Wir sollten uns in einer Rede auf einige wenige Hauptpunkte konzentrieren und diese in überzeugender Manier darstellen. Hierfür legen wir den Ehrgeiz ab, das Thema komplett vortragen zu wollen. Vollständigkeit kann nur selten erreicht werden.

Es gilt der Grundsatz: In einer Rede nicht mehr als zwei (bei fünf Minuten Redezeit) bis fünf (bei zwanzig Minuten Redezeit) Hauptpunkte darstellen.

6. Bevorzugen Sie Aktiv-Formen

Praxis-Tipp:

Verwenden Sie in einer Rede übermäßig viele Passiv-Formen (Leideform), leidet darunter die Farbigkeit Ihres Vortrags. Demgegenüber sind Aktiv-Sätze packender und lebendiger.

Die unterschiedliche Wirkung liegt darin, dass wir Informationen immer aktiv speichern. Wenn Sie Ihre Sätze im Passiv anbieten, dann zwingen Sie den Informationsempfänger dazu, zusätzliche Denkprozesse in Gang zu setzen. Er setzt das Passive, Unpersönliche um in aktive Speichereinheiten.

Nicht Passiv	Sondern Aktiv
Es wird Ihnen dringend empfohlen …	Ich empfehle Ihnen dringend …
Die Lieferung wird Ihnen am … zugehen	Sie erhalten am …
Der Empfang der Ware wird sogleich angezeigt.	Ich informiere Sie, wenn die Ware eingetroffen ist.
Dieses Problem wird von uns morgen geklärt.	Wir klären das Problem morgen.
Sie wurde von mir bei ihrem nächsten Auftritt angesprochen.	Ich sprach sie bei ihrem nächsten Auftritt an.
Es wird gebeten, Platz zu nehmen.	Ich bitte Sie, sich zu setzen.

7. Hauptsätze formulieren, Nebensätze reduzieren

Umständliches und kompliziertes Denken schlägt sich häufig in unzumutbar ausführlichen Satzungetümen nieder. Diese langen Sätze – vielleicht noch verschachtelt und unüberschaubar – strapazieren unnötig alle Beteiligten.

> **Beispiel:**
>
> Ein Beispiel für einen Bandwurm- oder Schachtelsatz finden wir in den „Ratschlägen für einen schlechten Redner" von Kurt Tucholsky:
>
> „Sprich mit langen, langen Sätzen – solchen, bei denen du, der du dich zu Hause, wo du ja die Ruhe, deren du so sehr benötigst, deiner Kinder ungeachtet, hast, vorbereitest, genau weißt, wie das Ende ist, die Nebensätze schön ineinandergeschachtelt, so dass der Hörer, ungeduldig auf seinem Sitz hin und her träumend, sich in einem Kolleg wähnend, in dem er früher so gern geschlummert hat, auf das Echo solcher Periode wartet ... nun, ich habe dir eben ein Beispiel gegeben; so musst du sprechen."

Mit solchen Endlosketten macht sich der Redner das Leben selbst schwer. Zur gleichen Zeit können wir nur einen Gedanken kraftvoll darstellen. Versuchen wir, mehrere Gedanken in einem Satz miteinander zu verbinden, formulieren wir sogleich Nebensätze. Diese wirken als „Nebelsätze", da sie den Sinn unserer Bemühungen vernebeln. Solche Sätze überfordern bald unsere Stimm- und Atemtechnik. Auch fordert der Redner mit langen Sätzen die Gefahr des Stotterns und Schwimmens heraus. Nähert sich der Redner schließlich dem Satzende, weiß er nicht mehr, was er am Satzbeginn sagte. Krampfhaft sucht er das korrekte Satzende und findet es nicht. Was bei den Zuhörern nach dieser Tortur bleibt, ist ein schaler Nachgeschmack.

Überlange Sätze pflegen eine Darstellung zu komplizieren und die Empfangsbereitschaft der Zuhörer einzuschränken. Welcher Zuhörer will schon geistige Schwerarbeit leisten und sich über die Maßen anstrengen? Muss er sich zu stark konzentrieren, wird er ungeduldig und unaufmerksam. Manchmal reagieren die Zuhörer nicht nur unruhig, sondern sogar böse und ablehnend. Fatal wird die Situation für den Redner, wenn er durch Schnarchgeräusche gestört wird. Alle geis-

Ihr Redestil muss zum Zuhören einladen

tig noch nicht weggetretenen Zuhörer wenden sich dem Schläfer zu, da dieser ein viel interessanteres Thema darstellt als die mit schwer entwirrbaren Sätzen gespickte Rede.

Nach mehrjährigen Versuchen mit mehr als 1 000 Personen gab ein Team der Universität Paderborn interessante Forschungsergebnisse bekannt: Danach vergessen rund ein Drittel aller Erwachsenen den Anfang eines Satzes bereits dann, wenn 11 Wörter ohne Pause aneinandergereiht werden. Gut die Hälfte aller Erwachsenen kann gesprochenen Sätzen mit mehr als 13 Wörtern nicht mehr folgen. Bei gedrechselten Sätzen mit 18 oder mehr Wörtern schrumpft die „verständnisvolle" Zuhörerschaft auf ganze 15 Prozent.

Fazit für mündlich Vorgetragenes: Hauptsätze, Hauptsätze, Hauptsätze!

> **Praxis-Tipp:**
>
> Einfache, kurze und prägnante Aussagen verwenden. Damit wirken Sie überzeugender und verringern die Gefahr des Versprechens und Steckenbleibens.
>
> Die Zuhörer erwarten von Ihnen eine „mundgerechte" und „appetitliche" Darstellung von Informationen. Dann bereitet es den Zuhörern Vergnügen, Ihren Aussagen zu folgen. Werden Sie als Redner ein Ent-Komplizierungs-Fachmann!

8. Verwenden Sie mehr Tätigkeitswörter

Hauptwörter (Substantive) und substantivierte Verben erzeugen einen schwerfälligen und amtlichen Sprechstil.

Wichtig: Erst Tätigkeitswörter (Zeitwörter, Verben) machen unsere Sprache frisch und lebendig und geben ihr Saft und Kraft. Tatmenschen verwenden Tätigkeitswörter! Tätigkeitswörter zeichnen eine wirkungsvolle Power-Sprache aus!

Verwenden Sie mehr Tätigkeitswörter

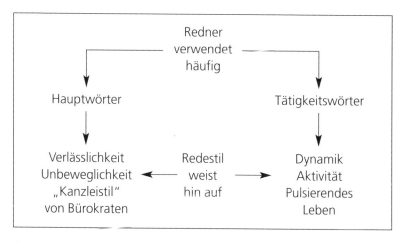

Übung: Fragen Sie sich, was Sie an folgenden Sätzen verbessern können:

a) Wir haben dann eine Umstrukturierung vorgenommen.

b) Sie stellte die Behauptung auf ...

c) Der Bedarf wird in unserer Schätzung mit 600 Fachkräften angegeben.

d) Zu einem späteren Zeitpunkt wollen wir den Artikel zum Versand bringen.

e) Zur Erhaltung der Zuverlässigkeit der Anlage ist eine regelmäßige Wartung aller Verschleißteile und vor allem eine ausreichende Bevorratung dieser Teile in einem Ersatzteillager erforderlich.

f) Entlassungen von Personal wollen wir nicht vornehmen.

g) Die Ablehnung des Antrags erfolgte mit der Begründung ...

h) Diese Frage bedarf einer gründlichen Prüfung.

I) Ob der Ausschuss überhaupt an die Realisierung seines Beschlusses herantreten wird?

k) In einem persönlichen Gespräch mit Doktor Müller gab dieser die Äußerung von sich ...

Ihr Redestil muss zum Zuhören einladen

Die Lösungsvorschläge zu dieser Übung finden Sie am Ende dieses Kapitels auf Seite 142.

9. Achten Sie auf bildhaftes Sprechen

Wollen Sie bei Ihrem Publikum eine nachhaltige Wirkung erzielen, sprechen Sie lebendig, anschaulich und bildhaft. Reden wir nämlich in Bildern, bekommen wir das Gefühl der Zuhörer „in den Griff" und nutzen diese wichtige Einwirkungsmöglichkeit.

Welche Möglichkeiten bieten sich an, dem Gebot nach bildhaftem Sprechen nachzukommen?

Bauen Sie passende Gleichnisse in Ihre Rede ein
(siehe Seite 39).

Übersetzen Sie Zahlen in Bilder

Wie oft werden in Vorträgen Zahlenfriedhöfe errichtet. Nackte Zahlen sind leblos. Indem wir einen Bezug herstellen, veranschaulichen wir ein Zahlenwerk. Die Zuhörer begreifen eine Inflation nicht in Milliardenbeträgen, sondern viel eher in Form steigender Brötchenpreise.

- Berichten Sie von der Leistungsfähigkeit des menschlichen Herzens, übersetzen Sie dürre Zahlen in Bilder:
  „Die Pumpleistung des Herzens beträgt innerhalb von zwei Tagen ca. 20 000 Liter. In 48 Stunden pumpt unser Herz den gesamten Inhalt eines großen Tanklastzuges. Eine Tagesleistung unseres Herzens genügt bereits, um einen 70 Kilogramm schweren Menschen auf den 300 Meter hohen Eiffelturm zu heben."

- Erinnern Sie an die Euro-Einführung in Deutschland, hört sich dies wie folgt an:
  „Innerhalb weniger Tage wurden 2,6 Milliarden neue Geldnoten und 12,1 Milliarden Münzen auf die Geldinstitute verteilt.

Achten Sie auf bildhaftes Sprechen

Dies bedeutete eine Transportkapazität von 35 Güterzügen mit je 20 Waggons – 700 Waggons bis oben hin gefüllt mit neuem Geld."

- Wollen Sie vor der Bevölkerungsexplosion warnen, formulieren Sie:
„In 350 Jahren werden die Menschen wie in einem Kaninchenstall leben: 14 Quadratmeter pro Kopf. Bleibt es bei der gegenwärtigen Entwicklung, wächst die Weltbevölkerung jährlich um mehr als 60 Millionen Menschen, was der gesamten Bevölkerung der alten Bundesländer in Deutschland entspricht. Und das jährlich!"

Ersetzen Sie allgemeine Formulierungen durch besondere Darstellungen

Mit der treffenden, speziellen Darstellung lösen Sie beim Zuhörer bildhafte Vorstellungen aus, die eher haften bleiben. Die besondere Formulierung fesselt uns, die allgemeine Formulierung ist farblos, langweilig und meistens auch nichtssagend.

Allgemeine Formulierung	Besondere Formulierung
Am Wochenende ruhe ich mich aus.	Während des Wochenendes tanke ich ausreichend Energie, indem ich ...
Der Rennwagen fuhr laut vorbei.	Der Rennwagen raste mit ohrenbetäubendem Lärm vorbei.
Am Unfallort standen viele Leute.	Ungefähr 50 neugierige Menschen drängten sich am Unfallort.
Der Radarturm ist das höchste Gebäude der Stadt.	Mit seinen 86 Metern überragt der Radarturm alle übrigen Gebäude der Stadt.
Auf der Weser waren viele Segelboote.	Vielfarbige schmucke Segelboote kreuzten in der Wesermitte.

Ihr Redestil muss zum Zuhören einladen

Verwenden Sie rhetorische Bilder

Unsere Alltagssprache enthält eine Vielzahl rhetorischer Bilder, die wir wirkungsvoll einsetzen sollten.

Farbloser Begriff	Rhetorisches Bild
zu wenig	ein Tropfen auf den heißen Stein
übertreiben	aus der Mücke einen Elefanten machen
stur, dickköpfig, starrsinnig sein	mit dem Kopf durch die Wand gehen
übertriebene Maßnahmen	nicht mit Kanonen auf Spatzen schießen
vorwegnehmen	den Wind aus den Segeln nehmen
sich durchsetzen	mit der Faust auf den Tisch schlagen
etwas abbekommen	sich ein Stück vom großen Kuchen abschneiden
überflüssig sein	das fünfte Rad am Wagen sein
clever, raffiniert sein	mit allen Wassern gewaschen
übermütig sein	wenn es dem Esel zu wohl wird, geht er aufs Eis

Verwenden Sie lebensnahe Beispiele und direkte Rede

Häufig tritt beim Redner das „Ich" in den Hintergrund. Es werden sorgfältig Fakten dargestellt, aber die berichtende Person bleibt schamhaft verborgen. Indem wir in direkter Rede von tatsächlichen Geschehnissen berichten, bringen wir Farbe in unsere Rede. Lassen Sie ruhig etwas von Ihrer Persönlichkeit und Ihrem Leben einfließen – klammern Sie nicht alle persönlichen Dinge aus (siehe Seite 57).

Hier spielt auch der natürliche Orientierungstrieb (angeborene Neugier, „Reizhunger") unserer Mitmenschen eine wichtige Rolle. Schopenhauer stellte fest: „So gleichgültig die Menschen gegen allgemeine Wahrheiten sind, so erpicht sind sie auf individuelle."

So machen sich viele Talk-Shows diese Erkenntnis zunutze. Weshalb wollen Sie Zurückhaltung üben?

10. Vermeiden Sie „Weichmacher"

Sprache ist verräterisch. Wenn Menschen über Dinge reden, deren sie sich nicht sicher sind, werden auch ihre Worte verschwommen. Ein von den eigenen Argumenten nicht überzeugter Redner wird unbewusst „Weichmacher" in seine Ausführungen hineinbringen und damit seine Überzeugungskraft mindern. Auch mangelndes Selbstbewusstsein begünstigt diese dem Redezweck abträglichen Formulierungen.

- Vermeiden Sie Möglichkeitsformen

    Als „Weichmacher" erkennen wir Konjunktive (Möglichkeitsformen). Es soll wohl ein Zeichen von Bescheidenheit, Zurückhaltung und Höflichkeit sein, wenn Redner erklären:
    - Ich möchte meinen, es wäre vorstellbar …
    - Wir würden sagen, diese Zeiteinteilung könnte …
    - Ich möchte gern noch bemerken, dass von der Seite des Publikums …
    - Wir würden meinen, Sie wären besser bedient …

Oft verbirgt sich hinter diesen umständlichen und schwammigen Formulierungen ein Absicherungsbedürfnis. Häufig hören wir im Fernsehen Persönlichkeiten des öffentlichen Lebens, die mit unnötigen und überflüssigen Floskeln ihre Meinung „vernebeln". Diese schlechten Beispiele verderben unsere guten Sitten. Verwunderlich ist es dann nicht mehr, wenn wir unwillkürlich nachahmen, was uns immer wieder auf dem Bildschirm vorexerziert wird.

So stellt sich bei genauem Hinsehen die Einleitung „Wenn ich dazu etwas sagen dürfte …" als Unhöflichkeit dar. Der Redner wartet die Zustimmung seiner Zuhörer zum Weiterreden gar nicht ab und verkehrt so seine vermeintliche Höflichkeit ins Gegenteil. Auch der oft

Ihr Redestil muss zum Zuhören einladen

gehörte Einstieg „Ich möchte Sie alle sehr herzlich begrüßen" erweist sich als fehlerhaft. Hier wird die herzliche Begrüßung angekündigt, sie folgt aber nicht.

> **Praxis-Tipp:**
> Wesentlich überzeugender bringen Sie Ihre Meinung im Indikativ (Wirklichkeitsform) zum Ausdruck:
> - Ich meine ...
> - Wir sagen ...

Da Sie sich mit Ihren Aussagen identifizieren, vertreten Sie diese auch im Brustton der Überzeugung. Das Publikum wird Ihnen sogleich ein höheres Maß an Kompetenz und Souveränität zugestehen.

> **Negativ-Beispiel:**
> „Meine sehr geehrten Damen und Herren", beginnt der erfahrene Redner seinen Vortrag, „dürfte ich heute Ihre geschätzte Aufmerksamkeit auf dieses oder jenes Problem lenken?"
>
> „Ja, dürfen Sie", echot es einstimmig aus dem gut besuchten Saal. Der Redner ist sichtlich irritiert. „Meine Damen und Herren, darf ich um Ruhe bitten?"
>
> „Auch das", ist die Antwort. „Fangen Sie doch endlich an!"
>
> „Meine schönen, unverbindlichen Höflichkeitsformen", denkt der inzwischen bereits sichtlich gestresste Redner, „ich kann doch nicht so – einfach im Präsens – eine Rede halten, schon gar nicht als Politiker. Alles wird so verbindlich, so eindeutig. Aber gut, dann eben noch einmal:
>
> „Meine sehr geehrten Damen und Herren, heute werde ich Ihnen folgendes Problem erläutern ..." Die Zuhörer hören zu. In der gesamten Rede keine Floskeln, kein Konjunktiv, keine geschraubten Wendungen. Der Redner schreckt schweißgebadet aus dem Schlaf auf.
>
> „Was für ein Glück", denkt er erleichtert, „nur ein Albtraum. Mögen tät' ich das ja schon mal wollen, aber dürfen würd' ich mich das nie trauen ..."

- Vermeiden Sie abschwächende Füllwörter:
  - *Normalerweise* entstehen bei diesem Produktionsverfahren keine Schäden.
  - Wir werden in etwa eine mittlere Position einnehmen.
  - Im *Allgemeinen* funktioniert diese Anlage *recht gut,* so dass *kaum* Reklamationen auftreten.
  - Unsere Lieferanten sind mit diesen Bedingungen *eigentlich* immer gut gefahren.
  - Die Kundschaft ist mit unseren Produkten *mehr oder weniger* zufrieden.
  - Dieses Argument ist *gewissermaßen* der Ausgangspunkt für unsere Forderung.
  - Finanziell wird sich das *irgendwie* machen lassen.
- Vermeiden Sie Hoffnungs-Formulierungen:
  - Ich hoffe, mit meinen Ausführungen erreicht zu haben …

    besser: Ich bin sicher/ich bin davon überzeugt …
  - Ich glaube, hier wurde ein interessanter Anfang gemacht …

    besser: Dies ist ein interessanter Anfang …

11. Modewörter besser streichen

Manche Adjektive (Eigenschaftswörter) werden momentan ausgegeben wie Geldscheine in der Inflation. Achten Sie bitte einmal darauf, was gegenwärtig mit dem Wörtchen „echt" etikettiert wird. Da gibt es „echte Sensationen", „echte Begeisterung", „echte Rührung", „echte Liebe"; sogar von einem „echten Chaos" wird berichtet. Da fragen wir uns: Wie sieht denn ein „unechtes Chaos" aus? An dem „wahnsinnig starken" Beispiel des Adjektivs „echt" erkennen wir die Gedankenlosigkeit, mit der Mitmenschen Modewörter verwenden.

> **Praxis-Tipp:**
> Sind Modewörter zu Ihren Lieblingswörtern geworden, wird es für Sie allerhöchste Zeit, ihnen „Lebewohl" zu sagen. Nachdem Sie diese zur Sprachverkümmerung beitragenden Begriffe (beispielsweise „öde", „ätzend", „abartig", „stark", „fetzig", „superaffengeil", „sagenhaft", „logo", „easy", „geil") identifiziert haben, kommen sie auf Ihre „rote Liste". Niemand erwartet von uns, „echt ätzenden" Unsinn mitzumachen.

12. Wie sollten Sie mit Fremdwörtern umgehen?

In Wirtschaft, Technik und Wissenschaft (vor allem in der modernen Informationstechnologie) sowie im Freizeit-, Sport- und Mediendeutsch steigt die Zahl der Wortimporte, insbesondere aus Nordamerika, ständig an. Diese neuen Begriffe erleichtern häufig die internationale Verständigung. Dennoch bleibt es nicht aus, dass mit warnend erhobenem Finger auf die Gefahr des schleichenden Ausverkaufs der deutschen Sprache durch die zunehmende Verwendung von Fremdwörtern hingewiesen wird.

Diese Befürchtungen können wir nicht als unbegründet ignorieren, begegnen uns doch immer wieder Beispiele dafür. Manches wandelnde Fremdwörter-Lexikon hofft gar, die Qualität seiner Rede durch eine Fremdwörterschwemme steigern zu können. Vermutlich schwingt hin und wieder ein gerütteltes Maß Eitelkeit mit: Die Anhäufung von Fremdwörtern soll Bildung vorspiegeln.

Wenn Schulpolitiker erklären: „Musik muss als konstitutiver Faktor der Ökologie einer zunehmend urbanisierten Gesellschaft begriffen werden", oder es in einem Lehrbuch für Deutsch an Gymnasien heißt: „Die Polyfunktionalität der Vertextung bedingt die typische Polyvalenz künstlerischer Texte. Der Rezipient realisiert und vollendet den Text nach Maßgabe seiner Erwartungen und sinngebender Operationen", dann leuchtet uns die Kritik an einer übersteigerten und gedankenlosen Verwendung von Fremdwörtern ein.

Wie sollten Sie mit Fremdwörtern umgehen?

Dennoch darf einem totalen Fremdwörterverbot (entsprechende Bemühungen der Franzosen werden in Deutschland lächelnd zur Kenntnis genommen) nicht das Wort geredet werden. Manche Fremdwörter (z. B. „Interesse", „Mumie", „Team", „Orientierung", „Omnibus", „Taille", „Sauce", „Bürokratie", „Demokratie", „Kultur", „Likör", „Sekretär") sind kaum mehr aus unserer Sprache zu tilgen.

Durch das fortwährend angehobene Bildungsniveau der deutschen Bevölkerung konnten sich viele Begriffe – vorrangig aus dem angelsächsischen Sprachraum – einbürgern, während sich umgekehrt deutsche Wörter wie „Autobahn", „Waldsterben", „Kindergarten" oder „Sauerkraut" insbesondere in den USA durchsetzten. Die zunehmende Globalisierung und die weltweite Freizügigkeit werden diese Entwicklung noch fortsetzen. Im Bezug auf die Verwendung von Fremdwörtern sollten Sie eine mittlere Position einnehmen.

> **Praxis-Tipp:**
>
> Scheuen Sie sich nicht vor der Verwendung sinnvoller oder gar unverzichtbarer Fremdwörter. Müssen Sie aber befürchten, dass nicht alle Zuhörer ihre Bedeutung kennen, bringen Sie entweder einen passenden deutschen Begriff oder erklären Sie die Bedeutung des Fremdwortes.

Konnten wir frühzeitig die Frage „Zu wem?" klären (siehe Seite 26), kennen wir das Anspruchsniveau der Zuhörer und berücksichtigen es bei der Verwendung von Fremdwörtern.

Selbstverständlich muss sich der Redner sicher sein, ein Fremdwort richtig zu bringen. Meint der Vortragende den „Gang nach Canossa" und verkauft er ihn seinem Publikum als „Casanovagang", berichtet er von der „Syphilisarbeit" an Stelle der „Sisyphosarbeit" oder bezeichnet er eine große „Koryphäe" als große „Konifere", wendet sich so mancher Zuhörer mit Lachen oder Grausen ab.

Zungenbrecher oder Stolpersteine wie z. B. „Horribilicribrifax" oder „Fluorchlorkohlenwasserstoff" vermeiden Sie oder üben Sie so intensiv, dass Ihnen ein Missgeschick erspart bleibt. Benutzen Sie bei diesen Wortungetümen den Trick: „... was wir mit dem fast unausprechlichen Wort ... bezeichnen", beweisen Sie Humor und die sympathische Fähigkeit, über sich selbst schmunzeln zu können.

Die vorstehenden Ausführungen gelten sinngemäß für Fachbegriffe, die gehäuft dargeboten ein Berufs-Chinesisch bilden. Ein Redner wird mit diesem „Kauderwelsch der Fachleute" normale Sterbliche nicht überzeugen. Im Gegenteil: Manche Zuhörer gehen in Opposition. Sie wehren sich zu Recht dagegen, vom Redner zu Fremden im eigenen Land gemacht zu werden. Andere gehen in die innere Emigration und erinnern sich wehmütig der Mahnung Tucholskys: „Man gebrauche gewöhnliche Worte – und sage ungewöhnliche Dinge."

13. Vergessen Sie nicht, Wichtiges zu wiederholen

Der Redner investiert viel Zeit und Arbeit in die Vorbereitung seines Vortrags. Jede Aussage hat Hand und Fuß. Das soll nun der Zuhörer nach einmaligem Vortrag sofort begreifen und sein Handeln darauf ausrichten. Wird vom Zuhörer damit nicht zu viel verlangt?

> **Praxis-Tipp:**
>
> Helfen Sie dem Zuhörer, Ihre wichtigen Aussagen in seinem Gedächtnis zu speichern, indem Sie Durchschlagskraft und Wirkung durch Wiederholungen verstärken. Dabei wiederholen Sie mehrfach mit zeitlichen Abständen den gleichen Kernsatz oder legen einen Gedanken in anderen Worten oder Formulierungen dar.

Ist das Publikum besonders anspruchsvoll, sollte der Grundgedanke in ständig neuen kleidsamen Gewändern – also stets anderen griffigen Formulierungen – vorgestellt werden. Es ist erwiesen, dass eine Behauptung in zunehmendem Maße an Überzeugungskraft gewinnt, je konsequenter und glaubhafter sie wiederholt wird. Die Wirkung dieser als primitiv, aber sehr wirkungsvoll einzustufenden Methode beruht auf dem Gesetz der Trägheit des Denkens. Mit der Zahl der Wiederholungen wächst nämlich die Bereitschaft des Zuhörers, diese Botschaft zu akzeptieren und eigene anderslautende Vorstellungen kritischer zu betrachten oder gar aufzugeben („Wenn er dies immer wieder im Brustton der Überzeugung von sich gibt, muss ja wohl was dran sein.").

Trotz der unverkennbaren Pluspunkte von Wiederholungen darf eine Warnung nicht fehlen: Da Wiederholungen oft wie bewiesene Wahrheiten wirken, machen sich Demagogen dieses rhetorische Mittel zunutze. Durch wörtliche Wiederholung besteht nämlich die Gefahr des formelhaften Einpeitschens von Kernaussagen, bis diese schließlich im Unterbewusstsein der Zuhörer fest verankert sind.

14. Erweitern Sie Ihren aktiven Wortschatz

Nach Untersuchungen der US-Anthropologen Kay und Cartmill konnten schon die ersten Menschen vor 400 000 Jahren sprechen. Auch die Fossilien der vor 30 000 Jahren ausgestorbenen Neandertaler, Verwandte des modernen Menschen, lassen auf das Sprechvermögen schließen. Anfangs beschränkte sich bei unseren frühen Vorfahren der Umfang an akustischen Informationen vermutlich nur auf wenige sprachliche Signale. Jedoch kamen im Laufe der menschlichen Entwicklungsgeschichte unzählige Wortschöpfungen hinzu. Die Menschen zerstreuten sich über die Erde und entwickelten rund 2 800 Sprachen, die Mundarten und Dialekte gar nicht mitgerechnet.

Uns steht mit dem Deutschen die lebendigste Sprache zur Verfügung, die sich gleichermaßen zum zärtlichen Flüstern, zum ehrfürchtigen Gebet, zum emotionslosen Bericht, zum überzeugenden Reden, zum unflätigen Fluchen und zum donnernden Brüllen eignet.

Der Vorrat an Wörtern dient als Maßstab für den Gesichtskreis eines Menschen, für sein Umweltverständnis, für den Grad seiner Bildung. Zu Recht sprechen wir vom Wortschatz eines Menschen. Mit einem umfangreichen Wortschatz können wir eher lebendig, farbig, flexibel und anschaulich vortragen. Ein guter Ausdruck ist fast so viel wert wie ein guter Gedanke.

Ihr Redestil muss zum Zuhören einladen

Unsere Sprache wirkt bei vielen Variationsmöglichkeiten aussagekräftiger und gepflegter. Zuhörer honorieren eine abwechslungsreiche Ausdrucksweise mit verstärkter Aufmerksamkeit. Greifen wir hingegen immer wieder auf dieselben Wörter zurück, erzeugen wir Langeweile und Unlustgefühle beim Publikum. Der Redefluss leidet, wenn uns das passende Wort nicht schnell genug einfällt, so dass wir stockend und Verlegenheitslaute ausstoßend nach ihm fahnden. Fehlt das betreffende Wort, schleichen sich Ungenauigkeiten ein, bis schließlich unsere Worte sich nicht mehr mit der gewollten Aussage decken.

Sie verfügen über einen aktiven und einen passiven Wortschatz. Im aktiven Wortschatz finden wir die Wörter wieder, die von uns benutzt werden, um unsere Gedanken zu formulieren, uns mitzuteilen und zu verständigen, auf andere Menschen einzuwirken und Sachverhalte darzustellen. Der passive Wortschatz enthält zusätzlich eine Unmenge Wörter, deren Sinngehalt uns geläufig ist, die wir aber nicht verwenden. Für die tägliche Redepraxis sind diese Wörter einfach verdrängt und vergessen worden.

Es steht außer Zweifel, dass wir unsere Ausdrucksgewandtheit erheblich steigern, wenn es uns gelingt, unseren aktiven Wortschatz auszubauen. Hierbei geht es insbesondere um die Verwendung von Ersatzwörtern, mit denen sich unsere Aussagen wesentlich abwechslungsreicher darstellen lassen. „Manövriermasse" steht zur Genüge bereit: Während die deutsche Sprache von der Duden-Redaktion auf eine halbe Million Wörter geschätzt wird, verwenden die meisten Deutschen tatsächlich davon nur knapp ein bis zwei Prozent. Dass Sprachgenies wie Goethe und Joyce knapp 100 000 Wörter beherrschen, sollte uns Anlass zum Nacheifern geben.

Richten Sie sich nach den folgenden Empfehlungen und vergrößern Sie stetig Ihren aktiven Wortschatz:

- Lesen Sie gutgeschriebene Texte laut. Versuchen Sie anschließend, das Gelesene zu wiederholen.

- Aktivieren Sie Ihren passiven Wortschatz, indem Sie bewusst Begriffe häufiger einsetzen, die Sie sonst nicht benutzen oder die Sie gemieden haben.

- Notieren Sie Ihnen unbekannte Begriffe, überprüfen Sie ihren Sinngehalt, und nehmen Sie diese gegebenenfalls als Bereicherung in Ihren aktiven Wortschatz auf.

- Üben Sie das Finden von Synonymen (= bedeutungsnahe oder bedeutungsgleiche Begriffe). Einerseits erkennen Sie schnell ungeahnte Möglichkeiten der Erweiterung Ihres Wortschatzes, andererseits bereitet es auch Vergnügen, bei diesen Entdeckungsreisen fündig zu werden.

Beispiel:

Führen Sie nicht ständig das Wort „reden" auf den Lippen, sondern variieren Sie:

äußern, bemerken, berichten, bezeichnen, darlegen, darstellen, deklamieren, donnern, erklären, erläutern, erwähnen, erwidern, erzählen, faseln, hinweisen, informieren, instruieren, klönen, meinen, mitteilen, nennen, offenbaren, parlieren, plappern, plaudern, referieren, säuseln, sagen, schnacken, schwafeln, schwatzen, sprechen, tratschen, unterhalten, verklaren, vorsprechen, vortragen, wispern, zuschwallen, zutexten, die Auffassung vertreten, zum Ausdruck bringen, in Worte setzen

15. Verwenden Sie rhetorische Fragen

In Gesprächssituationen wollen wir durch unsere Fragen viele Informationen von unserem Gesprächspartner erhalten, die wir für unsere anschließende Argumentation gut verwerten können. Anders ist die rhetorische Frage zu bewerten. Streng genommen handelt es sich hier nicht um eine richtige Frage, weil der Redner gleich selbst die Antwort gibt oder die Frage doch so formuliert, dass die Zuhörer nur in dem von ihm gewünschten Sinne antworten können bzw. sich die Antwort denken. Mit der rhetorischen Frage wollen wir keine Antworten der Zuhörer provozieren, sondern selbst die in unser Konzept passenden Antworten geben.

Ihr Redestil muss zum Zuhören einladen

> **Beispiel:**
>
> „Ist die Art und Weise, in der eine Frage vorgebracht wird, von Bedeutung? Sie ist in der Tat von äußerster Bedeutung. Sie ist mindestens ebenso bedeutsam wie der Inhalt der Frage. Warum? Weil die Antwort auf eine in rüdem Ton vorgebrachte Frage anders ausfällt als die Antwort auf eine freundliche Frage."

Stellen wir eindringliche, verblüffende, aufrüttelnde, ja provozierende Fragen, so erkennen wir sofort, wie sich die Zuhörer einbeziehen lassen und gespannt auf unsere Antworten warten. Rhetorische Fragen üben eine suggestive Kraft aus, erzeugen ein erhöhtes Interesse und zwingen die Zuhörer zum Mitdenken. Seit wir die Schulbank drückten, ist uns die Verpflichtung „eingebläut" worden, auf Fragen zu reagieren. Wird uns eine Frage gestellt, erzeugt sie in uns sogleich einen Mitdenkreiz.

Diesen Effekt machen wir uns in einer Rede zunutze:

- „Wer hat heutzutage etwas gegen arbeitsmarktbelebende Maßnahmen?"
- „Wer könnte daran zweifeln, dass die menschliche Lebenszeit sich ständig erhöht?"
- „Sind wir uns nicht einig, dass unser nicht mehr zu überblickendes Steuersystem endlich reformiert und vereinfacht werden muss?"

> **Praxis-Tipp:**
>
> Mit rhetorischen Fragen verweisen Sie auf Tatsachen, die jedermann bekannt sind oder als selbstverständlich vorausgesetzt werden können. Neben dem vorrangig beabsichtigten Mitdenkreiz steht Ihnen mit der rhetorischen Frage ein hervorragendes Hilfsmittel zur Verfügung, Abwechslung in die Rede zu bringen, die Neugier der Zuhörer zu wecken und müde Zuhörer wieder munter zu machen.

16. Beziehen Sie Ihre Zuhörer in Ihre Rede ein

Sprechen Sie ständig im Ich-Stil, signalisieren Sie den Anwesenden kaum verhüllt: „Auf euch kommt es nur am Rande an, was allein zählt, das bin ich!" Auch ohne hellseherische Fähigkeiten erahnen wir Desinteresse und Ablehnung der Zuhörer, bis hin zu laut geäußerten Unmutsbekundungen. Wollen wir nicht als Egozentriker Schiffbruch erleiden, werden wir den Ich-Stil eher selten einsetzen. Schildern wir ein persönliches Erlebnis oder bringen wir ein Beispiel, wird uns hierbei kein Zuhörer die Ich-Form verübeln. Auch beim unpersönlichen Man-Stil fühlt sich der Zuhörer im Regelfall nicht angesprochen.

Praxis-Tipp:
Mit dem Sie-Stil beziehen Sie die Zuhörer in Ihre Rede ein.

Statt	Besser
Ich möchte Ihnen meinen Dank aussprechen.	Sie alle haben ein Wort des Dankes verdient.
Ich freue mich über Ihr Erscheinen.	Herzlich willkommen, es ist schön, dass Sie heute gekommen sind.
Man kann daraus erkennen …	Sie erkennen hieraus …
Auch wenn man noch nichts gehört hat …	Selbst wenn Sie noch nichts davon gehört haben …

Besonders günstig ist in jedem Vortrag der Wir-Stil, mit dem alle Anwesenden, einschließlich Redner, in das Geschehen integriert werden. Hierdurch wird ein hohes Maß an verbindlicher Gemeinsamkeit – ein Solidarisierungseffekt – erzeugt.

Ihr Redestil muss zum Zuhören einladen

Statt	Besser
Sie müssen akzeptieren, dass es Ihre Pflicht ist …	Wir müssen erkennen, dass es unsere Pflicht ist …
Sie sollten aus diesem Vorfall die Lehren ziehen …	Wir werden aus diesem Vorfall gemeinsam die Lehren ziehen …

Hier spielt auch Ihre Wortwahl eine entscheidende Rolle. Indem Sie beispielsweise Worte wie „Weichenstellung für uns alle", „gemeinsam", „unser Ziel", „wir alle" benutzen, appellieren Sie an das Gemeinschaftsgefühl und schweißen die Anwesenden zusammen.

Lösungsvorschläge zur Übung auf Seite 127:

a) Wir haben es dann geändert.

b) Sie behauptete ….

c) Wir schätzen den Bedarf auf 600 Fachkräfte.

d) Wir wollen den Artikel später versenden.

e) Für die Zuverlässigkeit der Anlage ist es nötig, alle Verschleißteile regelmäßig zu warten und Ersatzteile im Vorrat zu haben.

f) Wir entlassen kein Personal.

g) Der Antrag wurde mit der Begründung abgelehnt …

h) Diese Frage muss gründlich geprüft werden.

i) Ob der Ausschuss seinen Beschluss überhaupt verwirklichen wird?

k) In einem Gespräch sagte Doktor Müller …

Die Augen der Zuhörer sollen auf ihre Kosten kommen

8

1. Weshalb sollten Sie verstärkt visualisieren? 144

2. Wandtafel 146

3. Whiteboard 146

4. Flipchart 147

5. Dias, Tonbildschauen, Filme, Video-Aufnahmen 147

6. Tageslichtprojektor (Overheadprojektor) 148

7. Notebook und Beamer 155

Die Augen der Zuhörer sollen auf ihre Kosten kommen

1. Weshalb sollten Sie verstärkt visualisieren?

Nahmen Sie auch schon an Veranstaltungen teil, bei denen der Vortragende mit Schallwellen den Raum füllte, die Zuhörer indes tapfer gegen ihre Müdigkeit ankämpften? Gewiss mag es recht unterschiedliche Gründe für die mangelnde Zuwendung der Zuhörer gegeben haben. Einem Aspekt sollten wir unsere besondere Beachtung schenken: Mit der Stimme sprechen wir die Ohren der Zuhörer an, während deren Augen nicht auf ihre Kosten kommen und sich zu langweilen beginnen. Um das Interesse und die Aufmerksamkeit der Zuhörer zu erhöhen, sollten wir daher unsere akustischen Aussagen mit visuellen Signalen verstärken und bündeln.

Die Bedeutung des Einsatzes von Bildern und Grafiken in Reden und Vorträgen zeigen folgende Zahlen:

- Informationen aus der Umwelt nehmen wir durchschnittlich wahr zu

    83 %   über das SEHEN

    11 %   über das HÖREN

    3,5 %   über das RIECHEN

    1 %   über das SCHMECKEN

    1,5 %   über das TASTEN.

- Unter normalen Bedingungen werden 25 Prozent des menschlichen Energiehaushalts allein für den Sehprozess benötigt. Ein Viertel der Kalorienmenge, die sich der Mensch täglich zuführt, dient also dazu, optische Reize aufzunehmen, zu verarbeiten und auszuwerten.

- Der Augennerv ist fünfzigmal dicker als der Ohrennerv. Unser Schöpfer hat uns vom Auge zum Gehirn eine breite Datenautobahn eingepflanzt, während vom Ohr zum Gehirn nur ein schmaler Trampelpfad führt.

- Visuelle Eindrücke werden vom menschlichen Gehirn 60 000-mal schneller wahrgenommen als Text.

Weshalb sollten Sie verstärkt visualisieren?

> **Praxis-Tipp:**
> Während mit Sprache lediglich unsere linke Gehirnhälfte beschäftigt wird, aktivieren wir mit bildhaften Darstellungen auch die rechte Gehirnhälfte. Multisensorische Reize (Kombination von Worten und Bildern) erleichtern dem Informationsempfänger das Aufnehmen und Verarbeiten von Informationen. Zugleich steigern sie die Einwirkungsmöglichkeiten auf unsere Zuhörer, weil sich die Gefühlsebene des Publikums viel schneller und intensiver erreichen lässt.

Die Folgerungen aus diesen Erkenntnissen liegen auf der Hand und lassen sich kurz und bündig auf einen Nenner bringen: Ein Bild ist tausend Worte wert!

Bilder geben nicht nur Lebendigkeit, sondern veranschaulichen Sachverhalte klarer und verständlicher. Sie erhöhen die Aufmerksamkeit und das Interesse der Zuhörer. Wichtige Informationen lassen sich so leichter einprägen und besser behalten. Allerdings gilt dies nur für fehlerfreie und gute Visualisierungen.

Ab sofort sollten wir bei der Vorbereitung einer Rede prüfen, ob sich durch den Einsatz visueller Hilfsmittel Anschaulichkeit, Gedächtnishaftung und Abwechslung verstärken lassen. Nach einigem Überlegen werden Sie erkennen, dass sich mündlich vorgetragenes Gedankengut häufig überzeugender in bildlicher Form übermitteln lässt. Es gibt nur wenige Ausnahmesituationen (z. B. Trauerrede, Stegreifrede unter freiem Himmel), die visuelle Hilfsmittel ausschließen.

Einschlägige Untersuchungen über die Wirkung verschiedener Visualisierungsmöglichkeiten bei unterschiedlichen Szenarien brachten ein übereinstimmendes Ergebnis: Der Medieneinsatz muss auf die Zielgruppe und Branche ausgerichtet sein. Demnach ist der Einsatz der Hilfsmittel besonders zu empfehlen, die den Zuhörern vertraut sind bzw. von ihnen erwartet wird. So passen Hightech-Medien zu einem Hightech-Unternehmen (Wandtafelarbeit während einer Roadshow würde anachronistisch wirken und zu einer negativen Imagebildung führen), während traditionelle Medien in kleinen Handwerksbetrieben eher die Regel darstellen dürften.

Die Augen der Zuhörer sollen auf ihre Kosten kommen

2. Wandtafel

Zunächst ist die uns aus der Schulzeit vertraute Wandtafel („good old blackboard") zu nennen. Ihre Existenzberechtigung liegt in der einfachen Handhabung, der Möglichkeit des interaktiven Arbeitens und der spontanen Darstellungen.

Allerdings sind hiermit erhebliche Nachteile verbunden:

- Nach einiger Tafelarbeit ist der Vortragende durch den lästigen Kreidestaub zu einem „Schneemann" geworden.
- Da immer nur eine begrenzte Schreibfläche zur Verfügung steht, müssen Informationen abgewischt werden und sind nicht mehr nachlesbar.
- Während des Anschreibens wird der Blickkontakt zu den Zuhörern unterbrochen. Der Zuhörer ist sich selbst überlassen und lässt eher seine Gedanken abschweifen.
- Beim Anschreiben oder Aufzeigen bestimmter, bereits dargestellter Punkte wird vielfach zur Tafel gesprochen, nicht aber zu den Anwesenden. Das sollten Sie vermeiden:
  a) Sprechen Sie nicht während des Schreibens (Grundsatz: Erst sprechen, dann schreiben).
  b) Zeigen Sie nie etwas, wenn der zeigende Arm Ihren Körper kreuzt.
- Schließlich ist das Problem der Lesbarkeit nicht aus den Augen zu verlieren.

Wichtig: Nutzen Sie eine Wandtafel nur, wenn Ihnen keine anderen Möglichkeiten zur Visualisierung zur Verfügung stehen.

3. Whiteboard

Der Kreidestaub entfällt bei Benutzung eines Whiteboard. Hier schreiben Sie mit speziellen, trocken-abwischbaren Markern auf eine völlig glatte, geschlossene Oberfläche aus Plastik oder Metall (nach Gebrauch gleich die Kappe aufstecken, da sonst die Spezialfarbe eintrocknet).

Die übrigen Nachteile des Wandtafeleinsatzes müssen Sie auch hier einkalkulieren.

4. Flipchart

Bei Einsatz eines Flipcharts (auf einem Ständer befestigter Block DIN-A0-Blätter) sind als Nachteile ebenfalls der fehlende Blickkontakt beim Anschreiben sowie die begrenzte Darstellungsfläche zu erwähnen. Dieses Hilfsmittel verbietet sich, wenn der Redner eine nur schlecht zu lesende Handschrift besitzt. Positiv schlägt aber zu Buche, dass sauberes Arbeiten möglich ist und die beschriebenen Blätter durch Rückblättern problemlos wieder gezeigt werden können. Ferner lassen sich die Blätter gut sichtbar an eine Wand hängen und stehen somit bei einer nachfolgenden Diskussion als Informationsmaterial zur Verfügung.

Beachten Sie bitte, dass Sie manche Informationen bereits im Voraus vollständig oder zumindest in Teilen gestalten können. Dann sollten Sie zwischen den beschriebenen Seiten möglichst zwei Seiten freilassen, damit die nachfolgenden Darstellungen nicht durch das Papier scheinen.

Praxis-Tipp:

Flipcharts setzen wir nur bei kleinen Zuhörergruppen ein, da wegen der Lesbarkeit der Abstand der Zuhörer zum Blatt eher gering sein muss.

5. Dias, Tonbildschauen, Filme, Video-Aufnahmen

Der Einsatz dieser Visualisierungsmittel wird regelmäßig von den durch das Fernsehen verwöhnten Zuhörern dankbar aufgenommen. Allerdings ist häufig eine umfangreiche Vorbereitung mit hohem zeitlichen und finanziellen Aufwand unerlässlich.

Neben der Einengung Ihrer Variationsmöglichkeiten als Redner muss die oft notwendige Verdunkelung und damit der unterbrochene Blickkontakt zur Zuhörerschaft als Minuspunkt erkannt werden. Bei Dias und Tonbildschauen gilt es zu bedenken, dass diese Hilfsmittel von vielen Zuhörern als „alte Technik" bezeichnet und innerlich abgelehnt werden.

6. Tageslichtprojektor (Overheadprojektor)

Tageslichtprojektoren sind gegenwärtig noch die am weitest verbreiteten Visualisierungshilfen. Da dieses Hilfsmittel jedem Vortragenden im Regelfall problemlos (ein Notebook kann abstürzen!) zur Verfügung steht, beschäftigen wir uns mit seinen Vorzügen und dem wirkungsvollen Einsatz.

Tageslichtprojektoren haben sich in der Praxis für die Präsentation von Gedanken, Skizzen, Diagrammen, Zahlen und Bildern bewährt. Die auf eine durchsichtige Folie übertragenen Informationen werden mittels eines äußerst einfach zu bedienenden Projektors auf eine Leinwand oder eine helle Raumwand projiziert. Die nachfolgend beschriebenen Vorteile sollten Sie bewegen, den Tageslichtprojektor zu Ihrem Verbündeten bei der Visualisierung des gesprochenen Wortes zu machen.

10 Pluspunkte für die Arbeit mit Tageslichtprojektoren

1. Sie lesen Informationen grundsätzlich von der Folie ab, nicht von der Projektionswand. So behalten Sie Ihr Publikum im Blickfeld. Gleiches gilt, wenn Sie auf eine Folie zeigen oder schreiben.

2. Beim Tageslichtprojektor bestimmen Sie, wann dieser „Kommunikationsdiener" für Sie tätig wird, welche Folien gezeigt werden und ob eventuell Folien auf Grund erkennbarer Reaktionen aus dem Zuhörerkreis besser im Dunkeln bleiben. Sie sind Ihr eigener Regisseur (bei eingesetzten Filmen oder Tonbildschauen müssen Sie das fertige Material nutzen, ohne noch kurzfristig Änderungen vornehmen zu können) und können situationsabhängig die Reihenfolge der Folien ohne technischen Aufwand variieren oder vorgefertigte Folien verändern oder ergänzen.

   Sie übermitteln mit Ihren Folien nur die Informationen, die empfangen werden sollen, und nur dann, wenn der passende Zeitpunkt gekommen ist, und nur so lange, wie notwendig ist, das Wichtige zu erkennen. Zu Beginn Ihres Vortrages setzen Sie Folien eher spärlich ein und steigern ihren Umfang mit der Dauer des Vortrags. So halten Sie die abflachende Konzentrationskurve Ihrer Zuhörer oben.

3. Sie können Folien farbig gestalten und damit Gefühle ansprechen, Wichtiges besser hervorheben und eine höhere Aufmerksamkeit

Tageslichtprojektor (Overheadprojektor)

erzeugen. Wie wichtig uns farbige Darstellungen sind, lässt sich an der kurzen Zeitspanne erkennen, in der seinerzeit Schwarzweißfernseher durch Farbgeräte ersetzt wurden.

4. Der Vortragsraum braucht nicht verdunkelt zu werden.
5. Darstellungen lassen sich problemlos auf eine Folie und umgekehrt von der Folie auf Papier kopieren.
6. Sie können Folien in Ruhe vorbereiten, während bei Tafelarbeit und Flipchart das Anschreiben sofort „sitzen" muss.
7. Enthält Ihre Folie vier Aussagen und zeigen Sie alles sofort, sind die Teilnehmer häufig schon beim dritten Punkt, während Sie noch den ersten kommentieren. Ihre mündlichen Aussagen verpuffen fast ungehört.

   Sie müssen nicht jede Folie sofort in vollem Umfang zeigen. Zur schrittweisen Entwicklung Ihrer Gedanken überdecken Sie zunächst das aufgelegte Transparent mit einem undurchsichtigen Papier bis auf den ersten Aspekt. Im Verlauf der Erläuterung werden die weiteren Punkte nach und nach aufgedeckt.

8. Mit der Overlay-Technik können Sie bei Ihren Zuhörern einen Spannungsbogen entwickeln. Hier wird mit der ersten Folie nur ein Aspekt des Sachverhaltes dargestellt. Ergänzt wird dieser durch jeweils neue Folien, die über die erste gelegt werden. Allerdings sollten nicht mehr als fünf Folien übereinander gelegt werden. Zudem müssen die verwendeten Folien lichtdurchlässig sein, und der Tageslichtprojektor sollte über eine Randbegrenzung (z. B. in Form von Metallstiften oder Projektionsrahmen) verfügen, damit die Folien nicht verrutschen.
9. Kleben Sie die vorbereitete Folie in einen hellen Rahmen aus Pappe oder festem Papier, können Sie auf diesem Anmerkungen aller Art notieren, da nur Sie diese lesen können, aber keiner Ihrer Zuhörer bzw. Zuschauer.

   In diesem Fall brauchen Sie keinen besonderen Stichwortzettel für die erläuternden Kommentare, so dass bei den Zuhörern schnell der Eindruck entsteht, Sie würden Ihren Vortrag ohne jegliche „Spickzettel" souverän halten. Den gleichen Effekt erzielen Sie mit

Die Augen der Zuhörer sollen auf ihre Kosten kommen

im Handel erhältlichen Präsentationshüllen (Flipframes = Klarsichthüllen für Folien mit aufklappbaren Seitenlaschen aus Pappe).

10. Entwickeln Sie, nach intensiven vorangegangenen Überlegungen und einem Probelauf am heimischen Herd, „plötzlich" flüssig und ohne zu stocken auf einer leeren Folie aus dem Nichts heraus eine aufschlussreiche Darstellung, erzeugen Sie eine große Spannung bei Ihrem Publikum und sammeln Pluspunkte.

Um diese gravierenden Vorteile nicht unbeabsichtigt einzubüßen, sollen Ihnen die folgenden Hinweise Hilfestellung bei der Ausarbeitung überzeugender Folien geben.

10 Empfehlungen für die Konzeption Ihrer Folien

1. Ihre erste Überlegung bei jeder Folie muss lauten: „Welche Take-home-message will ich mit dieser Folie visuell vermitteln, was will ich erreichen?"

2. Pro Thema sehen Sie eine gesonderte Folie vor. Quetschen Sie verschiedene Aspekte auf eine Folie, fehlt es an klar erkennbaren Strukturen und zwingend erforderlicher Übersichtlichkeit. Also bitte keine Sparsamkeit am falschen Platz! Ihr Publikum soll das Wesentliche möglichst mit einem Blick erkennen, damit sich idealerweise sogleich ein Aha-Effekt einstellt. Kurze Sätze sind möglichst durch passende Illustrationen zu ergänzen.

3. Darstellungen müssen optisch ansprechen. Hierbei sind grafische Darstellungen günstiger als die besten Texte:
   - Listen/Tabellen
   - Kurvendiagramme
   - Säulendiagramme
   - Kreis- oder Tortendiagramme
   - Aufbaudiagramme/Organigramme
   - Ablaufdiagramme/Netzpläne

   Der Mensch erfasst derartige Darstellungen schneller und dauerhafter als Textinformationen. Denken Sie einen Moment an die vielen Zahlen, mit denen uns manche Vortragende traktieren. Statt

Tageslichtprojektor (Overheadprojektor)

der mündlichen Beschreibung von „Zahlenfriedhöfen" lassen sich schwer vorstellbare Mengen- und Größenverhältnisse mittels grafischer Schaubilder übersichtlich vermitteln.

4. Im Idealfall bilden Text und Bild eine Symbiose und unterstützen sich gegenseitig in ihrer Aussage. Bilder und Grafiken sollten stets auf die linke Folienseite, der Text auf die rechte Folienseite platziert werden. Die wichtigste Aussage („Kernbotschaft") gehört in die Seitenmitte. Diese räumlichen Anordnungen entsprechen eher unseren Sehgewohnheiten.

5. Überladen Sie Ihre Folien nicht mit zu vielen und verwirrenden Informationen. Indem Sie mit unwichtigen Details aufwarten, leidet Ihre Kompetenz. Da Ihre Informationen „nicht auf den Punkt" kommen, reagieren die Betrachter häufig mit innerer Kündigung. Weniger ist oft mehr!

   Verwenden Sie lieber mehrere einfache Abbildungen als eine überladene. Da viel Text zum Ablesen verleitet, bevorzugen Sie hier einen Telegrammstil mit Schlagworten oder prägnanten Kurzsätzen. Auf Folien kopierte Buchseiten sind einfallslos, zumeist visuell unattraktiv und mit üppigem Text versehen, also für Sie tabu!

   Die Abfolge der Informationen, die für das Verständnis des Inhalts Ihrer Darstellung wichtig sind, erfolgt von oben nach unten. Vertikale Textzeilen sind unbedingt zu vermeiden. Für jede Folie sehen Sie eine „ins Auge springende" aussagekräftige Überschrift vor. Auch bei Diagrammen achten Sie auf eine knappe Überschrift und vermeiden Bildunterschriften.

   Ihre Texte gliedern Sie mit kurzen Leitsätzen oder Stichworten. Werden diese durch Nummern, vorgesetzte Punkte, Sterne, Striche o. Ä. voneinander abgetrennt, prägen sie sich eher ein. Freizeilen und größere Zeilenabstände erhöhen die Übersichtlichkeit.

6. Beschriftungen müssen gut lesbar und ausreichend groß sein: Verwenden Sie vorrangig Druckschrift (bei PC-produzierten Folien Schriftgröße mindestens 24 Punkte). Wegen der besseren Erkennbarkeit sind Groß- und Kleinschreibung („Schriftgebirge") zu empfehlen. Beschränken Sie sich auf eine Schriftart und wählen Sie nicht mehr als eine Hervorhebung (fett oder kursiv).

Die Augen der Zuhörer sollen auf ihre Kosten kommen

7. Brennen Sie kein Feuerwerk aus Textfolien ab, die Sie dann auch noch als höflicher Mensch Ihren Zuhörern wortwörtlich vortragen („Folienvorlesung"). Vermeiden Sie mehr als zwei Textfolien hintereinander, welche ein einheitliches Layout aufweisen. Schnell wirken gleichartige Folien auf die Zuhörer wegen der Einförmigkeit ermüdend und demotivierend.

8. Farben setzen Sie gezielt und mit Bedacht ein, d. h. sie müssen Sinn ergeben und werden nicht wahllos genutzt, nur damit das Dargestellte „schön bunt" wird. Mehr als drei verschiedene Farben auf einer Folie wirken störend. Für den Sinn nach zusammengehörende Sachverhalte sehen Sie stets die gleichen Farben vor (z. B. alle Überschriften blau, alle Pfeile rot). Als Hintergrundfarben bieten sich Pastellfarben sowie gelb an, nicht jedoch rot oder orange, die als Flächenfarben aggressiv wirken.

   In Textfolien setzen Sie Farben nur ein, wenn sie essentielle Sachverhalte hervorheben oder einer besseren Strukturierung dienen sollen. Am besten lesbar ist blauer und schwarzer Text. Besondere Vorsicht ist bei hellen Farben geboten, weil sie bei größerem Abstand zur Projektionswand häufig nicht mehr erkennbar sind. Wollen Sie Kontraste erzeugen, sehen Sie bei dunklen Farben einen hellen Hintergrund, bei hellen Farben einen dunklen Hintergrund vor.

9. Auch wenn Ihre Grafik- oder Präsentations-Software (z. B. Powerpoint, Corel Draw, Freelance Graphics) eine ungeheure Fülle verlockender Möglichkeiten bis hin zu unnützem Computeranimations-Schnickschnack eröffnet, sollten Sie diese nicht für eine Effekthascherei nutzen. Trotz aller eingesetzten Technik sollen Sie und Ihr Vortrag überzeugen. Medien können Ihnen nur helfen zu überzeugen, sie können den Vortragenden indes nicht ersetzen.

10. Sie nummerieren (nur für Sie selbst erkennbar) Ihre Folien, damit diese Ihrem geistigen Fahrplan entsprechend in der richtigen Reihenfolge eingesetzt werden können.

Nach Berücksichtigung der vorstehenden Empfehlungen bei der Entwicklung Ihrer Folien sollten Sie nun auch den Ehrgeiz entwickeln, Ihre wirkungsvollen Folien wie ein Profi vorzuführen.

Tageslichtprojektor (Overheadprojektor)

10 Tipps für die Präsentation Ihrer Folien

1. Starten Sie nicht blind! Um der „Tücke des Objekts" aus dem Weg zu gehen und Pannen zu vermeiden, erscheinen Sie rechtzeitig am „Tatort" und vergewissern sich, dass der Tageslichtprojektor einsatzbereit ist:

   - Verschmutzte Auflage-/Glasfläche?
   - Klare Linse?
   - Defekte Birne?
   - Steckdose?
   - Zu kurzes Stromkabel?
   - Ausreichender Abstand zur Projektionsfläche?
   - Genügend große Projektionsfläche?
   - Kabel zur Vermeidung der Stolpergefahr sauber verlegt?
   - Mit Klebeband evtl. nachbessern?

   Natürlich legen Sie bei dieser Gelegenheit auch den Abstand des Projektors zur Projektionsfläche fest und stellen die richtige Bildschärfe ein. Kontrollieren Sie auch, dass von allen Plätzen ungestörte Sicht auf die zu visualisierenden Punkte besteht.

2. Zur Bestimmung des besten Standortes für den Tageslichtprojektor beachten Sie Folgendes: Die Breite einer projizierten Folie sollte im Verhältnis 1:6 zum Abstand des Zuschauers in der letzten Reihe stehen.

   Wenn die gezeigte Folie an der Projektionswand eineinhalb Meter breit ist, darf der Teilnehmer in der letzten Reihe nicht mehr als neun Meter entfernt sitzen, um die Informationen – vor allem aber den Text – noch aufnehmen zu können. Die Mindestentfernung sollte das Einelnhalbfache der projizierten Folienbreite ausmachen, in unserem Beispiel zweieinviertel Meter.

   Sie selbst stellen sich am besten neben den Tageslichtprojektor auf die Seite mit dem Einschaltknopf, dann geraten Sie mit Ihrem Körper nicht so schnell ins Bild.

Die Augen der Zuhörer sollen auf ihre Kosten kommen

3. Legen Sie Ihre (richtig liegende) Folie auf den ausgestellten Tageslichtprojektor und stellen Sie das Gerät erst in dem Moment an, wenn die Information benötigt wird. Dadurch wird die Aufmerksamkeit der Zuhörer nicht von Ihren mündlichen Aussagen abgelenkt.

   Weisen Ihre Folien ein gleiches Format auf, sollten Sie an einen Projektionsrahmen aus Pappe oder einem ähnlich festen Kunststoff denken. Der Rahmen nimmt den Rest Licht, der zwangsläufig übrig bleibt, wenn Sie auf der stets quadratischen Auflage-/Glasfläche des Tageslichtprojektors arbeiten.

4. Ankündigen – einschalten – kurz warten – zusätzlich kommentieren! Inszenieren Sie Ihre Folien, indem Sie zunächst mit Ihrer Ankündigung beginnen: „Auf der nächsten Folie sehen Sie …", „Hier gibt eine neue Statistik Denkanstöße …". Die Zuhörer wissen nun, worauf sie achten müssen, und werden neugierig.

   Anschließend schalten Sie den Projektor ein und lassen den gezeigten Folieninhalt erst circa 5 Sekunden wirken, damit sich der Zuhörer orientieren kann. Sie signalisieren damit den Anwesenden: „Betrachten Sie erst einmal in Ruhe die Folie." Hiernach geben Sie zusätzliche mündliche Kommentare. Würden Sie sogleich zu sprechen beginnen, würden Ihre mündlichen Aussagen verpuffen, weil die Zuhörer sich zunächst erst einmal mit der Folie beschäftigen würden und nur eingeschränkt für Zusatzinformationen aufnahmebereit wären.

5. Verwenden Sie einen Stift, um besonders bedeutungsvolle Stellen auf der Folie zu zeigen, keinesfalls einen Finger. Den Stift lassen Sie liegen, während Sie über diesen Punkt sprechen. So stellt er für die Zuhörer eine Orientierungshilfe dar.

   Der Einsatz von Laserpointern erweist sich in der Praxis als weniger günstig, weil die Zeigewirkung gegenüber dem Stift geringer ist, selbst ein leichtes Zittern der Hand des Vortragenden bemerkt wird und die Gefahr besteht, dass sich der Vortragende von seinen Zuhörern ab- und sich dem projizierten Folieninhalt zuwendet.

6. Wenden Sie sich nicht von Ihren Zuhörern ab, verdecken Sie nicht mit ablenkenden Schattenspielen die Sicht auf die Projektionsfläche, sprechen Sie nicht zur Leinwand oder Wand und unterhal-

ten Sie sich nicht ständig mit der Auflagefläche des Projektors. Verhalten Sie sich möglichst so, als gäbe es die Projektionsfläche hinter Ihnen nicht.

7. Zeigen Sie Ihre Folien in schonenden Klarsichthüllen, so müssen Sie mit erheblich verminderter Lichtausbeute rechnen. Also fort mit den lichtschluckenden Umhüllungen während der Projektion.

8. Nachdem der Folieninhalt ausreichend betrachtet und erörtert wurde, schließen Sie die Betrachtung mit einem zusammenhängenden Satz oder einer Frage zur Folie ab. Mit dem Ausschalten des Projektors wird die Aufmerksamkeit der Zuhörer wieder auf Sie gerichtet. Bleibt jedoch die letzte Folie projiziert oder läuft der Projektor ohne Folie weiter (hier rechnet der Zuschauer permanent mit einer neuen Folie und hört demzufolge nur noch halbherzig zu), würde sich der Projektor als ein die Augen der Zuhörer ständig ablenkender Dauerbrenner oder Scheinwerfer erweisen.

9. Präsentieren Sie Ihre Folien in zu hohem Tempo („Folienschleuder"), erzeugen Sie den Unmut Ihrer Zuhörer. Nach einer Faustregel sollte eine Folie mindestens 90 Sekunden zu sehen sein.

10. Bei zu häufigem Folieneinsatz („Folienschlacht") verliert diese Visualisierungsmöglichkeit ihren Reiz. Bezogen auf die Wirkung kann dann weniger mehr sein. Ihnen liegt doch nicht daran, dass sich Spötter zu der Bemerkung hinreißen lassen: „Noch eine Folie mehr und es wäre ein Film geworden!"

7. Notebook und Beamer

Der Vortragende mit seinen Assistenten Beamer und Notebook bilden zusammen ein kompaktes und mobiles Visualisierungsteam. Die richtige Bedienung und Handhabung muss für Sie absolut selbstverständlich sein, denn bei einem unsicheren Handling kann es schnell zu einem blamablen Desaster kommen. Wichtig ist, dass Sie sich bei der Handhabung so wenig wie möglich von Ihrem Publikum abwenden.

Mit Hilfe einer Fernbedienung sind Sie nicht mehr auf die Tastatur des Notebooks angewiesen, sondern können sich frei bewegen. Dies för-

Die Augen der Zuhörer sollen auf ihre Kosten kommen

dert die Aufmerksamkeit der Zuhörer und eröffnet mehr Spielraum für Dramaturgie.

> **Praxis-Tipp:**
>
> - Sollen mehrere Folien gezeigt werden, benötigen Sie einen Spickzettel mit der Reihenfolge Ihrer Bildschirmcharts. So können Sie bei Bedarf ohne Suchen bestimmte Folien vorziehen oder auf andere Folien zurückspringen. Obwohl es technisch problemlos ist, vermeiden Sie ein häufiges, Ihre Zuhörer nervendes Folien-Zapping.
>
> - Das Notebook befindet sich in Ihrer unmittelbaren Nähe, damit Sie problemlos die Tastatur bedienen können.
>
> - Vor- und umsichtige Redner bringen auf Folien ausgedruckte Bildschirmcharts mit, um im Falle technischer Probleme mit Notebook oder Beamer mit dem Tageslichtprojektor arbeiten zu können.

Auch bei lehrbuchmäßigem Einsatz der beschriebenen Möglichkeiten sollten wir bedenken, dass jeglicher Visualisierung lediglich eine dienende Funktion zukommt, dass sie unsere Rede also ergänzt und ihre Attraktivität steigern soll. Die Technik ist Mittel zum Zweck – nicht mehr und nicht weniger. Sie als Vortragender sollen von der Technik nicht in den Hintergrund gedrängt werden. Schließlich ist nach wie vor die Beziehung von Mensch zu Mensch für die Vertrauensbildung und Beeinflussung wichtiger als jede imposante Hightech-Vorführung und jeder technische Schnickschnack.

Ihr Erste-Hilfe-Kasten bei Redeunfällen

9

1. Redeunfälle souverän meistern ... 158

2. Steckenbleiben 159

3. Zwischenrufe 165

4. Verunglückte Satzformulierungen . 169

5. Fehlende Begriffe 169

6. Unruhiges Publikum 170

7. Gekürzte Redezeit/
   fehlender Stichwortzettel 171

Ihr Erste-Hilfe-Kasten bei Redeunfällen

1. Redeunfälle souverän meistern

Selbst bestens präparierte Redner berichten von Situationen, in denen ihnen abwechselnd heiß und kalt wurde: Der rote Faden ging verloren, ein Satz konnte nicht beendet werden, eine Formulierung ging daneben usw. Während ein Rede-Profi diese Momente elegant und für den Zuhörer unbemerkt wegsteckt, brechen für den Ungeübten Welten zusammen.

Ruhe ist die erste Rednerpflicht!

Dies sollte für jeden Redner der oberste Leitsatz in unangenehmen Situationen sein. Der ungeübte Redner trägt ständig die Furcht mit sich herum, am Rednerpult zu versagen. Über diese selbst suggerierten Ängste schrieb Friedrich von Schiller: „Nichts in der Welt kann den Menschen sonst unglücklich machen, als bloß allein die Furcht. Das Übel, das uns trifft, ist selten oder nie so schlimm, als das, welches wir befürchten."

Demgegenüber bewahren versierte Redner Ruhe und nehmen einen Fauxpas niemals zu ernst. Sie wissen aus Erfahrung, dass die Zuhörer Pannen meist nicht bemerken, wenn diese mit bewährten Methoden überspielt werden. Selbst wenn die Zuhörer kleine Fehler oder Schwächen erkennen, wirkt dies nur menschlich. Die Anwesenden sehen sich in der Auffassung bestätigt: Nobody is perfect.

Alles ist so geplant!

Sie können am Rednerpult fast alles machen, sofern Sie den Eindruck vermitteln, dass alles, was geschieht, von Ihnen so geplant und vorgesehen ist! Da Ihren Zuhörern der von Ihnen ursprünglich geplante Rahmen Ihrer Rede nicht bekannt ist, werden sie auch keine plötzlichen Abweichungen erkennen können.

Nie entschuldigen!

Um nicht doch noch den Finger auf die eigene Wunde zu legen, vermeiden Sie strikt Entschuldigungen. Mit einer Entschuldigung zeigen

Sie zwar, dass Sie eine gute Kinderstube besitzen – in einer Rede weisen Sie aber mit jeder Entschuldigung selbst den letzten Zuhörer im Saal auf gemachte Fehler hin und nehmen sich auf diese Weise Ihre positive Wirkung.

2. Steckenbleiben

Kein Mensch besitzt ein perfektes Gedächtnis. Selbst der Nobelpreisträger für Physik, Albert Einstein beklagte in verschiedenen Lebensbereichen sein „löchriges Gedächtnis". Machen wir uns dennoch bewusst, dass unser Gehirn einen ungeheuren Schatz gespeicherter Informationen birgt: Namen, Daten, Fakten, Gefühle, Gerüche, Gesichter, Landschaften, Farben, Tasteindrücke, Bewegungsabläufe, fremde Sprachen, mathematische Formeln. Daneben gleichen die wenigen Dinge, die wir hin und wieder nicht parat haben, einem einzelnen Tropfen im Meer.

Dennoch vertrauen viele ungeübte Redner nur sehr eingeschränkt ihrem persönlichen Computer im Kopf und beginnen sich deshalb bereits bei Übernahme eines Redeauftrags mit der Frage auseinander zu setzen, was im Falle eines Steckenbleibens geschehen kann. Sie beschäftigen sich mit der peinlichen und peinigenden Vorstellung, wie sie zitternd und kreidebleich vor der Zuhörerschaft stehen, krampfhaft, aber vergebens den roten Faden suchen und sich wünschen, im Erdboden zu versinken. Ein Blackout verhindert das Ende der lähmenden Zwangspause. Das hilfreiche Stichwort ist nicht sogleich auf dem Stichwortzettel zu finden. Ist es schließlich entdeckt, lässt es sich plötzlich kaum mehr entziffern. Mit erstaunlicher Vorstellungskraft malen sich sogar phantasielose Zeitgenossen aus, wie ein Großteil des Publikums hämisch und schadenfroh grinst, während einige Zuhörer mitleidig dreinblicken. Sogar in ihren Träumen werden ungeübte Redner von dem Gedanken verfolgt, während des Vortrags vor einem großen gähnenden Loch zu stehen und sich bis aufs Mark zu blamieren.

Nun, es ist verständlich, dass viele Menschen mit geringer Redepraxis eine panische Angst vor der vielzitierten „Mattscheibe" haben. Selbst

Ihr Erste-Hilfe-Kasten bei Redeunfällen

gut vorbereiteten und geübten Rednern passiert es, dass unversehens die Gedankenkette reißt. So sollte bei der Eröffnung der Olympischen Sommerspiele 1984 in Los Angeles der seit Jahren im Rampenlicht stehende Hürdenläufer und Weltrekordler Edwin Moses den nur wenige Sätze umfassenden olympischen Eid der Sportler sprechen. Hierauf hatte er sich bestens vorbereitet. Dennoch setzte seine Stimme nach wenigen Sekunden aus, Fernsehzuschauer in allen Teilen der Welt hielten den Atem an, die Eröffnungsfeier geriet ins Stocken. Edwin Moses begann erneut – wiederum eine längere Pause, ein weiterer Blackout. Ein Stöhnen ging um den Erdball, die Olympischen Spiele drohten zu scheitern. Wie gebannt starrten alle auf Edwin Moses, der einen dritten Anlauf wagte – und diesen zügig und ohne Stockungen beendete. Ein erleichtertes Aufatmen war bei den Sportfans aller Kontinente zu vernehmen – die Olympischen Spiele 1984 konnten beginnen.

Statt krampfhaft in Ihrem Gedächtnis nach dem abhanden gekommenen Gedanken zu fahnden und bei vergeblichen Bemühungen in Panik zu geraten, bewahren Sie Ruhe. Dies ist die Voraussetzung, um die Gedankenmaschine ohne Zeitverlust wieder anwerfen zu können. Konrad Adenauer, der in fortgeschrittenem Lebensalter gelegentlich den Faden verlor, überwand mit dem langsam und deutlich ausgesprochenen Einschub „Meine sehr geehrten Damen und Herren" beinahe unbemerkt Schwächemomente. Mit dieser Formel gewann er Zeit, dachte konzentriert nach und konnte die nur für ihn als unterbrochen empfundene Rede fortsetzen.

Tatsächlich bemerken die Zuhörer nur selten Ihren kurzen Blackout. Obwohl uns unser Hängenbleiben in diesem Moment quälend lang erscheint, wird es Ihrem Publikum vielfach nicht bewusst. Denn unter der Einwirkung von Stresshormonen erleben wir die Situation im Zeitlupentempo, die Zuhörer verfügen jedoch über das normale Zeitgefühl. Die Zuhörer müssen sich mit dem Dargebotenen begnügen und können auch nicht nachvollziehen, ob und wann Sie sich mit einem der folgenden Kunstgriffe elegant aus der Affäre ziehen.

Steckenbleiben

10 Erste-Hilfe-Maßnahmen bei Steckenbleiben

1. Wiederholung des letzten Gedankens

Mit der Wiederholung des in anderen Worten dargebotenen letzten Gedankens haben Sie eine gute Möglichkeit, wieder in ein ruhiges und vertrautes Fahrwasser zu gelangen:

- „Den letzten Gedanken will ich genauer erläutern …"
- „Soeben sagte ich …"
- „Diesen Punkt sollte ich besser darstellen …"

Ihr Unterbewusstsein hilft Ihnen, den Gedankenfaden wieder aufzunehmen und die Rede fortzusetzen.

Sie sind skeptisch? Schauen wir in einen anderen Lebensbereich: Sie sitzen vor dem Fernsehgerät. Plötzlich erinnern Sie sich an einen Brief im Arbeitszimmer, der zur Post zu bringen ist. Sie gehen ins Arbeitszimmer und schlagen sich dort verdutzt vor die Stirn, da Ihnen doch entfallen ist, was Sie ins Arbeitszimmer geführt hat. Was tun? Sie gehen den Weg zurück, setzen sich wieder vor den Fernseher – und schon fällt Ihnen der aufzugebende Brief ein.

Bei einer geschickten Wiederholung werden die Zuhörer Ihr Vorgehen sogar positiv bewerten, weil Sie sich erkennbar bemühen, Aussagen noch publikumsfreundlicher darzustellen.

2. Zusammenfassung der letzten Aspekte

Auch eine Zusammenfassung der letzten Aspekte ermöglicht Ihnen, anschließend Ihre Rede in geordneten Bahnen fortzusetzen:

- „Fassen wir die letzten Punkte zusammen …"
- „An dieser Stelle bietet sich eine kurze Zusammenfassung an …"

Hierdurch kann der Zuhörer Ihre vorgetragenen Gedanken in konzentrierter Form erneut hören. Mancher wird die Zusammenfassung dankbar akzeptieren („Gibt dieser Redner sich mit uns aber viel Mühe.").

Ihr Erste-Hilfe-Kasten bei Redeunfällen

Auch bleiben Ihre Thesen so besser im Gedächtnis Ihrer Zuhörer haften.

3. Den verloren gegangenen Gedanken überspringen

Lässt der verloren gegangene Gedanke trotz einer Wiederholung oder Zusammenfassung auf sich warten, überspringen Sie ihn und gehen Sie zum nächsten Stichpunkt weiter:

- „Schauen wir uns einen weiteren Gesichtspunkt an …"
- „Kommen wir nun zu einem anderen Aspekt …"

Fällt Ihnen später das Übersprungene wieder ein, bringen Sie es geschickt an passender Stelle zur Sprache: „Ich komme noch einmal auf meine Ausführungen über … zurück und weise zur Verdeutlichung auf einen wesentlichen zusätzlichen Gesichtspunkt hin …"

4. Eine ablenkende Frage stellen

Mit einer ablenkenden Frage an die Zuhörer verschaffen Sie sich eine Pause:

- „Bin ich dort hinten auch gut zu verstehen?"
- „Sollten wir bei der verbrauchten Luft im Raum nicht das Fenster öffnen? Herr Emsig, sind Sie bitte so nett?" (300 Zuhörer im Saal verfolgen gebannt, ob Herr Emsig das Fenster auch richtig öffnet, während Sie unbemerkt in Ruhe auf Ihren Stichwortzettel blicken können.)
- „Stört Sie das offene Fenster dort hinten? Sollten wir es nicht besser schließen?"
- „Hat jemand Fragen zu dem bisher Gesagten?"

Viele Zuhörer werten Ihre Frage als Zeichen der Fürsorge und keinesfalls als Indiz für Ihr Nicht-mehr-weiter-Wissen.

Steckenbleiben

5. Nach dem Wasserglas greifen

Der Griff nach dem berühmten Wasserglas kann Ihnen Bedenkzeit verschaffen, in der Sie, die Augen etwas verbiegend, auf dem Stichwortzettel nach dem anstehenden Gesichtspunkt suchen. Trinken Sie allerdings ausgiebig und genüsslich ihren Zuhörern etwas vor, werden diese abgelenkt und vermuten in Ihrem Glas möglicherweise einen klaren Schnaps.

6. Nach dem Taschentuch greifen

Auch einem Redner muss das Recht zustehen, nach seinem Taschentuch greifen und sich schnäuzen zu dürfen. Selbstverständlich werden Sie sich während dieses Vorgangs forschend auf Ihrem Stichwortzettel nach dem rettenden Stichwort umsehen. Da Sie bei diesem Vorgang Ihren Kopf gesenkt halten, werden Sie so schnell nicht wieder derart dicht das vor Ihnen liegende Papier beäugen können.

7. Bisher nicht gezeigte Folien einschieben

Stehen Ihnen bisher nicht gezeigte Folien zur Verfügung, schieben Sie diese nun ein. Auch eine in Reserve gehaltene und zum Thema passende Anekdote („An dieser Stelle muss ich an … denken …") lockert das Publikum auf und lässt bei Ihnen erst gar keine Beklemmungen aufkommen.

8. Machen Sie zehn Minuten Pause

Falls die Veranstaltung schon einige Zeit dauerte und Ihre Zuhörer bereits etwas abgeschlafft sind, wird Ihr Angebot dankbar aufgenommen:

„Nachdem Sie nun so lange zuhörten, schlage ich Ihnen zehn Minuten Pause vor, die Sie sich redlich verdient haben. Danach können wir uns gut erholt wieder unserem Thema zuwenden."

Die Pause nutzen Sie, den Wiedereinstieg in Ihre Rede vorzubereiten. Als flexibler Redner stellen Sie dann eine Zusammenfassung Ihrer Kernaussagen an den Beginn.

Ihr Erste-Hilfe-Kasten bei Redeunfällen

9. Seien Sie ehrlich

Bevor Sie stotternd und mit hochrotem Kopf einen Anblick des Elends bieten, geben Sie ehrlicherweise zu:

- „Jetzt muss ich einen Moment auf mein Konzept schauen."
- „Es ist an der Zeit, meinen Stichwortzettel zu befragen, ob ich auch alle wichtigen Gesichtspunkte vorgetragen habe."

Es spricht nichts dagegen, in diesem Moment den Stichwortzettel in die Hand zu nehmen, auf ihn zu schauen und zu erklären: „Zunächst sprachen wir über den Punkt …., dann beschäftigten wir uns mit dem Aspekt …, anschließend behandelten wir die Frage … und jetzt sind wir bei dem Punkt … angelangt."

Da Sie nun wieder den Anschluss gefunden haben, legen Sie Ihren Stichwortzettel auf das Pult zurück und setzen Ihren Vortrag fort. Kaum jemand wird Ihnen diesen kleinen Schlenker verübeln, zumal Ihr Vorgehen sehr professionell wirkt.

10. Fragen Sie nach

Ist der rote Faden entglitten und sehen Sie keine Möglichkeit, ihn wieder aufzunehmen (z. B. wegen fehlenden Stichwortzettels), fragen Sie:

- „Welchen Aspekt hatten wir gerade erörtert?"
- „Wovon war soeben die Rede?"

Erfahrungsgemäß wird ein positiv eingestimmter Zuhörer Ihnen als Souffleur dienend das benötigte Stichwort nennen, so dass Sie erleichtert Ihren Vortrag fortsetzen können.

Zusätzlich zu den aufgelisteten „Überlebensstrategien" verweisen wir auf die Pausentechnik während des Vortrags, über die sich mancher „Hänger" verschleiern lässt. Wird durchgehend flüssig und ohne längere Pausen gesprochen, entsteht plötzlich durch das Steckenbleiben eine Zwangspause. Die Zuhörer erkennen sofort, dass dem Redner der nächste Gesichtspunkt nicht spontan einfällt. Hat der Vortragende aber immer wieder bewusst Sprechpausen eingestreut, wird eine Zwangspause vom Publikum nicht als solche wahrgenommen.

Nach diesen Ausführungen kennen Sie ein umfangreiches Instrumentarium. Bringen Sie im Ernstfall noch eine Portion Dickfelligkeit ein, ist Ihr Überleben als Redner gesichert, und Sie brauchen sich künftig nicht mehr vor einem Blackout zu fürchten.

3. Zwischenrufe

Was mag Zuhörer veranlassen, einem Redner mit einem Zwischenruf in die Parade zu fahren? Geben sich nur die notorischen Störer mit diesem Mittel zu erkennen? Oder erfordern gar berechtigte Interessen der Zuhörer eine Unterbrechung des Redestroms? Wir unterscheiden drei verschiedene Beweggründe für Zwischenrufe.

Der Zwischenrufer will den Redner aus dem Konzept bringen

In Bundestagsdebatten soll mit Zwischenrufen der politische Gegner zur Strecke oder zumindest aus dem rednerischen Gleichgewicht gebracht werden. Statistisch kommen dort auf jede Minute Redezeit anderthalb Zwischenrufe. Dabei geht es manchmal zwischen unseren Volksvertretern schlimmer zu als bei kaschubischen Landstreichern.

Nicht immer salonfähige Zwischenrufe zeigen, wie intensiv manche Abgeordnete emotional Funken sprühen. Sie machen sich mit Ausdrücken wie z.B. „Brüllaffe", „Blödmann", „Parasit", „freches Luder" oder „kollektives Alzheimer" Luft. Diese Verhaltensweisen sind nicht nur auf den parlamentarischen Raum begrenzt, sondern sind auch auf politischen Veranstaltungen, Podiumsdiskussionen, Betriebs- und Personalversammlungen sowie im Vereinsleben anzutreffen.

Der Zwischenrufer will seine Wichtigkeit herausstellen

Hin und wieder treffen wir auf Menschen, deren übersteigertes Geltungsbedürfnis durch auffälliges Verhalten sichtbar wird. Sie lassen keine Gelegenheit aus, sich in den Vordergrund zu schieben. Indem sie den Redner mit geistlosen oder geistreichen Bemerkungen unterbrechen, genießen sie die „erkämpfte" allgemeine Aufmerksamkeit. Manche Zwischenrufer meinen zudem, es ihrem gesellschaftlichen Status schuldig zu sein, durch einen Beitrag auf ihre Bedeutung hinweisen zu müssen.

Der Zwischenrufer ist wissbegierig oder will helfen

Für jeden Redner ginge ein Traum in Erfüllung, würden alle Zuhörer seine Gedankengänge sogleich verstehen und akzeptieren. Da dieser Idealfall kaum eintreten wird, müssen wir stets damit rechnen, dass einige Anwesende einen Teil unserer Aussagen nicht mitbekommen. Entweder setzt bei ihnen Tiefschlaf ein oder sie bitten mit einem Zwischenruf um Erläuterung.

Vielleicht blitzt bei einem Zuhörer – angeregt durch Ihre Mitteilungen – eine passende Anekdote, ein überzeugendes Beispiel oder eine wichtige Zusatzinformation auf, mit der er in diesem Moment unbedingt den Redner unterstützen möchte. Bevor er sich die Zunge vor Ungeduld abbeißt, schreitet er mit einem Zwischenruf zur Tat.

Wie können Sie auf Zwischenrufe reagieren?

Der ungeübte Redner wird von Zwischenrufen nicht erbaut sein. Er fürchtet, aus dem Konzept gebracht zu werden und den Faden zu verlieren. Diese Gefahr besteht durchaus. Eine gut vorbereitete Rede setzt bereits durch eine wohlüberlegte Gliederung Akzente. Würde der Redner auf jeden Zwischenruf eingehen, könnte er die geplante Inszenierung seiner Rede vergessen.

Um auf die Aktivitäten aus dem Zuhörerkreis kontern zu können, müssten Argumente vorgezogen werden, die erst zu einem späteren Zeitpunkt an der Reihe gewesen wären. Nach Erledigung des ersten Zwischenrufs käme vermutlich bald die nächste Unterbrechung. Zwischenrufe wirken nämlich ansteckend, wenn das Publikum erkennt, dass der Redner nach jedem Zwischenruf schnappt wie der hungrige Hund nach einem leckeren Knochen. Dem Redner würde das Heft des Handelns entgleiten, alles liefe kunterbunt durcheinander. Auf diese Weise würde die geplante Rede zu einer unerwünschten Diskussion umfunktioniert.

Praxis-Tipp:

Indem Sie auf Zwischenrufe eingehen, lassen Sie zu, dass Ihre Rede zerhackt wird – wer auf alle Zwischenrufe eingeht, geht ein!

Unqualifizierte Zwischenrufe ignorieren

Haben Sie keine passende Entgegnung parat, sollten Sie über unqualifizierte Zwischenrufe hinweggehen, nach dem Motto „Was juckt es eine Eiche, wenn sich eine wilde Sau an ihr reibt?"

Auch Zwischenrufen von Kontrahenten schenken Sie grundsätzlich keine Beachtung, übergehen sie und lassen sie dadurch leer laufen. Begäben Sie sich in eine Auseinandersetzung mit dem Gegner, würden Sie ihn nur aufwerten. Außerdem liefen Sie Gefahr, zweiter Sieger zu werden, was Ihrer rednerischen Durchschlagskraft vor diesen Zuhörern großen Schaden zufügen würde.

Werden die Störungen aber fortgesetzt, müssen Sie reagieren:

- „Nun, mit dieser ablehnenden Frage habe ich gerechnet. Im Interesse aller Anwesenden werde ich zunächst meinen Vortrag fortsetzen und später auf Ihren Einwurf zurückkommen."

- „Trotz Ihres Zwischenrufs werde ich mich jetzt nicht auf eine private Unterhaltung mit Ihnen einlassen. Soeben stellte ich dar…"

- „Ihre Zwischenrufe lenken mich nicht ab, meine Ausführungen fortzusetzen. Die unter zivilisierten Mitteleuropäern üblichen Regeln der Fairness sind Ihnen sicher bekannt. Jetzt habe ich das Wort. Sie akzeptieren, dass ich zunächst ungestört meine Gedanken vortrage."

Lassen Sie sich keinesfalls aus dem seelischen Gleichgewicht bringen. Je provozierender der Zwischenruf ist, desto gelassener bleiben Sie bei Ihrer Reaktion. Entrüsten Sie sich aber, hat der Zwischenrufer sein Ziel erreicht, Sie aus dem Konzept zu bringen.

Ihr Erste-Hilfe-Kasten bei Redeunfällen

Schlagkräftig kontern

Fällt Ihnen blitzschnell eine schlagfertige Erwiderung auf einen aggressiven Zwischenruf ein, bringen Sie Ihren Gegner mit Humor bzw. Sarkasmus zum Verstummen. Warten Sie keine Antwort des Störers ab und schauen Sie ihn bei Ihrer Replik auch nicht an. Sowohl Sprechpause als auch Blick könnten von Ihrem Kontrahenten als Aufforderung zur Fortsetzung des Scharmützels missverstanden werden.

Zwischenfragen kurz beantworten

Dienen Zwischenrufe oder Zwischenfragen der Klärung oder Unterstützung bereits vorgetragener Argumente, haben sie eine kurze Beantwortung verdient. Sie antworten positiv und beziehen sinnvoll das bisher Gesagte ein:

- „Ich bin Ihnen dankbar, dass Sie diesen Punkt ansprechen. Zur Verdeutlichung und zur Beantwortung Ihrer Frage soll noch der Hinweis dienen …"
- „Danke für diese interessante Anregung. Sie trifft den Kern der Sache, deshalb weise ich noch einmal ausdrücklich darauf hin …"

Den Zwischenrufer vertrösten

Passt Ihnen der Zwischenruf gegenwärtig nicht ins Konzept, vertrösten Sie den Zwischenrufer:

- „Ich komme später gern auf Ihren Hinweis zurück."
- „Hören Sie bitte noch einige Augenblicke zu, dann werde ich diesen Punkt erörtern."

> **Praxis-Tipp:**
> Wollen Sie von Beginn an Zwischenrufe vermeiden oder häufen sich positiv zu bewertende Zuhörerreaktionen, verweisen Sie besser auf die folgende Diskussion oder bieten an, in einem späteren Gespräch unter vier Augen Rede und Antwort zu stehen.

4. Verunglückte Satzformulierungen

Nur wenige Menschen sprechen druckreif. Dies ist auch gar nicht erwünscht, weil absolute Perfektion nicht immer positiv aufgenommen wird. Es ist nicht tragisch, wenn sich der Redner einmal verhaspelt, das Prädikat falsch setzt oder einen Satz nicht geschliffen zu Ende bringt. Auch geübte Redner bleiben nicht von Sprachschnitzern verschont.

> **Praxis-Tipp:**
> Unbedeutende Versprecher ignorieren Sie und reden einfach weiter.

Es wäre völlig verfehlt, nach dem verunglückten Redeschluss „Ich danke Ihnen für meine Aufmerksamkeit" und dem freundlichen Schmunzeln der Zuhörer stotternd und errötend für eine Richtigstellung zu sorgen. Oder wozu sollten Sie nach dem Schnitzer „Berlin, Hamburg und München ist eine Großstadt" stammelnd eine Verbesserung folgen lassen? Die Zuhörer haben den Sinngehalt Ihrer Information doch sogleich erkannt.

Anders gehen Sie vor, wenn eine Formulierung aus dem Ruder gelaufen ist und es sich bei dem Versprecher um ein wichtiges, sinnveränderndes Wort handelt. Bevor Sie mit Holpern, Stolpern und Stottern den Satz verkrampft zu einem schlechten Ende bringen, brechen Sie ihn einfach mittendrin ab. Einer scheinbar plötzlichen Eingebung folgend schieben Sie Ihre bisherige Aussage beiseite und erklären:

- „Nein, das formuliere ich besser."
- „Ich will es präziser ausdrücken."
- „Diesen Punkt will ich genauer darstellen."

Damit haben Sie den Übergang zu einer verbesserten Formulierung gefunden.

5. Fehlende Begriffe

Je größer Ihr Wortschatz (siehe Seite 137) ist, desto eher werden Sie beim Ausbleiben eines treffenden Begriffs Ersatzwörter bringen oder sich mit einer gekonnten Umschreibung aus der Affäre ziehen. Fehlt Ihnen aber einmal ein ganz bestimmtes Wort, lassen Sie sich nicht irritieren, sondern versuchen Sie, mit einer Überbrückung Zeit zu gewinnen:

- „Es ist nicht einfach, hier den richtigen Ausdruck zu finden."
- „Wie kann ich das genauer darstellen?"
- „Hier fehlt mir der präzise Begriff."

Nicht selten wird Ihnen ein Zuhörer das passende Wort zurufen, so dass Sie wieder in ein ruhigeres Fahrwasser steuern können. Sollte aber einmal trotz der genannten Hilfen der Begriff nicht präsent sein, werden Sie wie selbstverständlich diesen Verlegenheitsaugenblick beenden:

- „Sie wissen bestimmt, was ich meine."
- „Meine Damen und Herren, Sie wissen selbst sehr gut, was ich hiermit ausdrücken möchte."

6. Unruhiges Publikum

Wird die gesamte Zuhörerschaft während Ihres Vortrags unruhig, können Sie die Anwesenden mit beschwörenden Formulierungen wie „Ich bitte noch einige Momente um Ihre Aufmerksamkeit" oder „Darf ich Sie um Ruhe bitten" kaum mehr zum aufmerksamen Zuhören veranlassen. Vermutlich haben Sie bereits ins Fettnäpfchen getreten, was die Zuhörer mit Nichtbeachtung Ihrer weiteren Ausführungen bestrafen.

Sie sind gut beraten, wenn Sie Ihre Rede rigoros kürzen. Damit verschaffen Sie sich noch einen halbwegs geordneten Abgang, bevor Ihre Worte in einem Pfeifkonzert untergehen oder die Zuhörer den Saal zu verlassen beginnen.

Räumen Sie nicht vorzeitig den Ort des Geschehens, wenn nur einige Störer unangenehm auffallen. In diesem Fall sehen Sie flexible und abgestufte Reaktionen vor:

- Blicken Sie während Ihres Vortrags intensiv mit missbilligender Mimik zur Störquelle.
- Verstärken Sie Ihre Stimme, um mit diesem akustischen Mittel die Störer zur Räson zu bringen.

- Setzen sich die Störungen fort, sind Reaktionen angezeigt, die Sie in ähnlicher Form auch für Zwischenrufe von Kontrahenten (siehe Seite 167) in Ihrem Repertoire haben.

- Werden Sie weiterhin gestört, unterbrechen Sie plötzlich mitten in einem Satz. Da die Störer damit nicht rechnen können, füllen sie mit ihren Äußerungen die entstandene Pause. Positiv eingestellte Zuhörer erkennen, wo sich die Störer befinden und wirken auf diese ein („Ruhe dahinten!" oder „Mund halten!").

- Setzen sich die Störungen weiterhin fort, nehmen Sie den Vortrag wieder auf, indem Sie die Störer ignorieren und sich auf die wohlgesonnenen Zuhörer konzentrieren. Nehmen die Störungen aber ein nicht mehr hinnehmbares Ausmaß an, unterbrechen Sie Ihre Rede: „Wir unterbrechen jetzt den Vortrag, damit die Herrschaften in der sechsten Reihe den Raum verlassen können." Notfalls werden Ordner Ihren Worten mit sanfter Gewalt Nachdruck verleihen, so dass Sie anschließend Ihre Rede erfolgreich zum Abschluss bringen können.

7. Gekürzte Redezeit/fehlender Stichwortzettel

Stellen Sie sich folgende Situationen vor:

- Sie haben sich auf einen 60 Minuten umfassenden Vortrag vorbereitet. Kurz vor Redebeginn bittet Sie der Veranstalter, Ihre Ausführungen auf 30 Minuten zu beschränken …

- Wegen eines Motorschadens verspäten Sie sich, so dass Ihre geplante Rede wegen der fortgeschrittenen Zeit „abgespeckt" werden muss …

- Gerade haben Sie mit Schrecken festgestellt, dass Ihr systematischer Stichwortzettel auf Ihrem Schreibtisch liegen geblieben ist. Ihre Aufgeregtheit ist groß. Sie fürchten wegen Ihres fehlenden „papierenen Gedächtnisses" einen Reinfall …

Für den Laien ist in den geschilderten Fällen guter Rat teuer. Diese nervenstrapazierenden Situationen überstehen Sie dann problemlos,

Ihr Erste-Hilfe-Kasten bei Redeunfällen

wenn Sie sich mit einer speziellen Vorgehensweise gekonnt aus der Affäre ziehen:

1. Sie lassen sich nicht anmerken, dass Sie improvisieren müssen:

    a) Sie reden die Anwesenden an und begrüßen sie.

    b) Sie stellen sich vor.

    c) Sie nennen Ihr Thema.

    d) Sie stellen die Bedeutung Ihres Themas für die Zuhörer heraus (siehe Seite 41).

    e) Sie stellen mögliche Problemfelder dar und bitten die Zuhörer um ihre Fragen.

2. Die Zuhörer stellen Fragen. Werden Sie nicht ungeduldig, wenn Ihnen nicht sogleich Dutzende von Fragen zugerufen werden. Lassen Sie den Anwesenden ein wenig Zeit. Hat der erste Mutige mit seinem Beitrag das Eis gebrochen, brauchen Sie sich erfahrungsgemäß um weitere Fragen nicht zu sorgen.

3. Notieren Sie in Stichworten die Fragen, möglichst für Ihr Publikum überschaubar, auf Wandtafel, Flipchart oder Klarsichtfolie. Besonders günstig ist es, hierbei die Fragen schon grob nach Hauptpunkten und Ihrer ursprünglich vorgesehenen Reihenfolge zu ordnen.

4. Sie halten Ihren Vortrag, indem Sie den gerade fixierten Fragenkatalog als Stichwortzettel nutzen. Es bleibt Ihrem Geschick überlassen, zwischen den einzelnen Punkten verbindende Übergänge zu formulieren bzw. durch zusätzliche Informationen allen Anwesenden das Verstehen zu erleichtern.

Mit dieser Technik setzen Sie qualitative und zeitliche Akzente entsprechend dem registrierten Informationsbedarf Ihrer Zuhörer. Auf die Anwesenden wirkt diese Vorgehensweise faszinierend. Wer wohnt schon einer Situation bei, in der aus dem scheinbaren Nichts eine Rede geboren wird, welche die Zuhörerinteressen berücksichtigt und auf sie eingeht?

Setzen Sie diese Technik auch einmal ein, wenn Sie ein bestimmtes Thema schon häufig abspulten. Sie wirken damit der Gefahr entgegen, schon fast auswendig und roboterhaft zu sprechen. Auf diese Weise sind Sie auch wieder einmal selbst gefordert, kreativ zu sein.

Ausblick

Gutes Reden lässt sich nicht so schnell lernen wie beispielsweise der Satz des Pythagoras. Unsere Redetechnik und Überzeugungskraft können wir letztlich nur durch intensives Üben verbessern. Reden lernen wir nur durch Reden. Ihre Devise sollte daher lauten: Üben, üben, üben ...

Dieses Buch stellt Ihnen das rhetorische Handwerkszeug bereit, um Ihre Gedanken überzeugend darzustellen. Es soll helfen, Ihre Redetechnik durch Eigentraining zu verbessern. Haben Sie die Gelegenheit, an einem guten Rhetorik-Seminar teilzunehmen, so kann Ihnen dazu nur dringend geraten werden. Was ein Buch nicht vermag, kann in einem Seminar angeboten werden: das Training, die Auswertung und die Verbesserung Ihres Auftretens vor Zuhörern. Achten Sie darauf, dass bei einem anspruchsvollen Seminar maximal zehn Teilnehmer in die Schulung genommen werden, um ein effektives Arbeiten und vor allem viele Redeübungen zu ermöglichen.

Unumgänglich ist nach jeder Redeübung die sofortige Rückmeldung aus der Zuhörerschaft über die Wirkung des Redners auf sein Publikum, wobei Sie erfahren müssen, in welchen Punkten Sie bereits positiv auf sich aufmerksam machen und welche Teilbereiche noch verbesserungsbedürftig sind. Hierbei ist ein Video-Einsatz unumgänglich. Jeder Teilnehmer kann einen eigenen Soll-Ist-Vergleich zwischen dem gewünschten und dem gezeigten Verhalten ziehen, wobei zusätzlich zur Selbstbeobachtung auch die subjektiven Erkenntnisse der übrigen Teilnehmer und des Seminarleiters wichtig sind. Jede Schwäche wird erkannt, jedoch nicht zur Bloßstellung genutzt, sondern zum positiven Lernansatz.

Wenn Sie inhaltlich den Erörterungen dieses Buches zustimmen, gilt es jetzt, diese Empfehlungen in die Praxis umzusetzen. Denn was wir im täglichen Leben immer wieder praktizieren, wird zur Routine und geht in Fleisch und Blut über. Springen Sie immer wieder ins kalte Wasser und treten Sie immer wieder vor eine Zuhörergruppe. Bedenken Sie hierbei aber: Sie können nur dann etwas „aus dem Ärmel schütteln", wenn Sie vorher etwas hineingetan haben!

Ausblick

Wenn Sie nicht sofort Begeisterungsstürme bei Ihren Zuhörern entfachen, so lassen Sie sich nicht entmutigen. Unsere Lebenserfahrung sagt uns, dass wir es nur dann zur Meisterschaft bringen, wenn wir anfängliche Unzulänglichkeiten langsam, aber sicher ausmerzen. Denken Sie in möglichen Phasen der Zaghaftigkeit und Mutlosigkeit an das chinesische Sprichwort: „Fürchte Dich nicht vor dem langsamen Vorwärtsgehen, fürchte Dich vor dem Stehenbleiben."

In diesem Sinne beherzigen Sie einen Ratschlag Goethes: „Es ist nicht genug zu wissen, man muss es auch anwenden; es ist nicht genug, zu wollen, man muss es auch tun!"

Stichwortverzeichnis

Adrenalin 11
Aktiv-Sätze 124
Anekdoten 57
Appell 60
Argumente 47
Atemtechnik 89
Ausblick 60
Aussprache 105
Auswendiglernen 59, 121
Autosuggestion 16

Beamer 155
Beifall 61, 65
Beispiele 55, 62
Betonung 98
Beweise 55
bildhaftes Sprechen 128
Blackout 13
Blickkontakt 21, 65, 83

Denkblockade 13
Dialekt 89, 106, 109

Eigenmaterial 31
Einleitung 40
Einwandvorwegnahmen 50
Endorphine 21
Erklärungen 41

Flipchart 147
Folien 150, 153
Fremdmaterial 31
Fremdwörter 134

Gedächtnis 117
Gedankenzettel 31, 32

Gefühle 115, 148
Gesellschaftsrede 67, 70
Gestik 77
Gleichnisse 56
Gliederung 40
Grundstellung 77

Haltung 76
Hauptsätze 125
Hauptteil 45

Kernbotschaft 151
Konzentration 28
Körpersprache 74

Lampenfieber 10
Lautstärke 22, 99
Leistungsrhythmus 30

Manuskript 64
Mikrofon 100
Mimik 21, 81
Modewörter 133
Monotonie 94, 96, 98

Nickeffekt 7

Outfit 19, 27

Publikum 20, 170
Pult 18, 21, 77

Redeangst 10, 11
Redebeginn 17
Redeschluss 37, 58
Redeunfälle 158

Stichwortverzeichnis

Redezeit 27, 171
Rhetorik-Seminar 173
rhetorische Bilder 130
rhetorische Fragen 139

Sprachcode 118
Sprachmelodie 74, 94
Sprechdenkversuche 35, 37
Sprechpausen 101
Sprechtechnik 94
Sprechtempo 95
Sprichwörter 53
Standpunktformel 61
Steckenbleiben 159
Stegreifrede 67
Stichwortzettel 36, 38, 171
Stimmlage 101
Stressmechanismus 10

Tageslichtprojektor 148
Thema 25

Verlegenheitslaute 89
Visualisieren 29, 144
Vollatmung 91
Vorbereitung 24
Vorlesetechnik 65, 120
Vorpause 19

Wandtafel 146
Weichmacher 131
Weitschweifigkeit 33, 122
Whiteboard 146
Wir-Stil 141
Wortschatz 137

Zahlen 128, 150
Zitate 52
Zuhöreranalyse 26
Zusammenfassung 60, 161
Zwecksatz 26
Zwischenrufe 165

20/50